MICHAEL PRATTER

BEGEI**STERN**

VERLAG ANTON PUSTET

MICHAEL PRATTER

BEGEISTERN

GUSTOSTÜCKERL AUS DEM SALZBURGER STERNBRÄU
NEU UND KREATIV INTERPRETIERT

MIT KULTURHISTORISCHEN TEXTEN VON BARBARA DENICOLÒ

VERLAG ANTON PUSTET

biergarten

INHALTSVERZEICHNIS

GRUSSWORT

Es wird wohl nur wenige Gaststätten in Stadt und Land Salzburg geben, die, wie das „Sternbräu" an der Salzburger Griesgasse, stolz auf einen Stammbaum zurück bis ins 13. Jahrhundert verweisen können. Bereits 1415 wurde hier nachweislich Bier gebraut. Der Hausname „Zum goldenen Stern" geht schließlich auf das 16. Jahrhundert zurück. Dass die Familie Mozart hier im „Stern" manche gemütliche Stunde verbracht hat, ist belegt.

Apropos „Geschichte": Wer einen Schnellkurs in Salzburger Landesgeschichte absolvieren möchte, der wird in der Bürgerstube des „Stern" mit den um 1924 entstandenen Wandmalereien von Karl Reisenbichler reiches Anschauungsmaterial vorfinden. Kurzum: Traditionelle und qualitätsvolle regionale Ess- und Trinkkultur verfügen in Salzburg mitten in der Altstadt seit Jahrhunderten über eine gemütliche „Insel" der Gastlichkeit, die Gäste aus nah und fern hoch schätzen.

Damit sind wir in der Gegenwart des „Stern" angelangt, in der eine findige Unternehmensleitung Tradition und einen zeitgemäßen konzeptionellen Auftritt harmonisch zu verbinden weiß. In diesem Sinne wurden bereits in den 80er-Jahren des 20. Jahrhunderts umfangreiche Umbauarbeiten durchgeführt, die jüngste umfassende bauliche Neugestaltung erfolgte in den Jahren 2013 bis 2014 unter der neuen Geschäftsführung.

Ob der Mensch wirklich „ist, was er isst", bleibt zu diskutieren. Wie verlässlich aber gerade Koch- und damit auch Essgewohnheiten Auskunft über den Alltag, das vielfältige und bunte Mit- und Nebeneinander im Wandel der Zeiten geben, ist hinlänglich bekannt. Derlei Tatsachen lebendig zu vermitteln, setzen sich die Herausgeber von Kochbüchern zum Ziel, welche die – zumal in Salzburg – erstaunlich vielfältige, kulturenübergreifende Rezepttradition und neue, kreative Esskultur geschmackvoll zu verknüpfen wissen.

Zu begrüßen ist daher die „köstliche" Idee, mit dem Nachschlagewerk für Enthusiasten der regionalen Esskultur unter dem sprechenden Titel „BegeiSTERN" nun auch auf diesem Wege dem traditionsreichen Stadt-Salzburger Großgasthof „Sternbräu" ein genüssliches Denkmal zu setzen. Der Buchtitel darf als kulinarische Philosophie des Hauses unter Geschäftsführer Mag. Harald Kratzer und Haubenkoch Michael Pratter verstanden werden. Schon beim bloßen Durchblättern des Bandes wird jedermann das Wasser im Munde zusammenlaufen. G'schmackiger ist Tradition und Moderne der Salzburger Kochkunst, garniert mit interessanten Kapiteln aus der Geschichte des Hauses unter dem guten Stern, kaum jemals serviert worden. So begeiSTERNd schmeckt Salzburg heute!

Mit den besten Grüßen

Dr. Wilfried Haslauer
Landeshauptmann

WELTBERÜHMT IN SALZBURG …

… das ist unser widersprüchliches Credo im Sternbräu mit all seinen verschiedenen Betrieben. Der Umgang mit so vielen unterschiedlichen Gästegruppen – vom Stammtisch über die geschmackssicheren Salzburger*innen bis hin zu Gästen aus der ganzen Welt – fasziniert uns täglich aufs Neue. Die Basis unseres Erfolges ist der Gemeinschaftsgeist unseres 130-köpfigen Teams mit Menschen aus 27 Nationen und die von allen gelebte Diversität.

Als ich, Harald Kratzer, vor 24 Jahren ins Sternbräu kam, konnte ich noch nicht ahnen, wie sehr mich dieser Gastrokosmos im Herzen der Altstadt begeistern und binden würde. Doch als ich im Jahr 2006 Chef wurde, war mir bald klar, dass ich keinen anderen Job mehr in meinem Leben machen wollte.

Michael Pratter schwingt seit 2014 höchst erfolgreich den Kochlöffel in unserer Küche. Ihm gelingt der Spagat, bei ausgezeichneter Wirtschaftlichkeit Qualität mit Quantität zu verbinden. Was kann sich ein Wirtshaus mehr wünschen?

So spricht auch nichts dagegen, ein eigenes Kochbuch herauszugeben: Genießen Sie dieses Nachschlagewerk und tragen Sie die Rezepte hinaus in die Welt! Dann wird unser Motto Wirklichkeit: „Weltberühmt in Salzburg“.

Mag. Harald Kratzer & Eva Kratzer-Burgstaller, MA
Geschäftsführende Gesellschafter

Liebe Leserinnen und Leser,

schon wieder ein Kochbuch, werden Sie vielleicht denken. Ja, das ist richtig, aber es ist ein Kochbuch in seinem ursprünglichsten Sinne. Ein Buch eines Koches und ein Buch über das Kochen. Mit meinen Rezepten, meinen Ideen und Vorstellungen von geschmacklicher Harmonie lade ich Sie ein in die Welt des Sternbräu. Ich bin überzeugt, dass es gar nicht genug Kochbücher geben kann. Denn sie sind unverzichtbare Nachschlagewerke für alle, die Kochen als ein Handwerk begreifen, das je nach Wissensstand und Übung unterschiedliche Facetten hat.

Die Auswahl der Gerichte ist nicht zufällig. Sie enthält das Beste der Sternbräu-Küche, Gerichte, die mich seit mehr als 30 Jahren begleiten. Es sind Klassiker dabei, die sich vielerorts etabliert haben, aber auch jene innovativen und „riskanten" Gerichte, die in unserem Restaurant serviert werden.

Dass ich überhaupt Koch geworden bin, verdanke ich eigentlich meiner Mutter. Ihre Kochkünste und ihr Umgang mit bodenständigen Produkten haben mich nachhaltig geprägt. Nach Rezepten aus Kochbüchern kochte sie nie. Alles passierte in einer scheinbaren Leichtigkeit und ich ahnte schon damals, dass Kochen viel mit Gefühl zu tun haben muss. Eines steht außer Frage: Ohne Passion zum Kochen geht es nicht. Kochen ist keine Zeitverschwendung, sondern Meditation und Beziehung. Die eigenen Hände schaffen etwas, das Freunden, Gästen und Familie bleibende Geschmackserlebnisse und Erinnerungen bereitet. Sie schenken ihnen damit etwas, das heute zu einem wertvollen Gut geworden ist: Zeit.

Für mich und wohl auch für viele begeisterte Hobbyköchinnen und -köche gibt es nichts Schöneres als Geschmackserinnerungen zu erzeugen, die noch lange im Gedächtnis bleiben und für Gesprächsstoff sorgen.

Ich wünsche Ihnen gutes Gelingen beim Nachkochen der Rezepte und viel Spaß am eigenen Herd.

Ihr

Michael Pratter

STERNB

biergarten

EINE STERN-CHRONIK

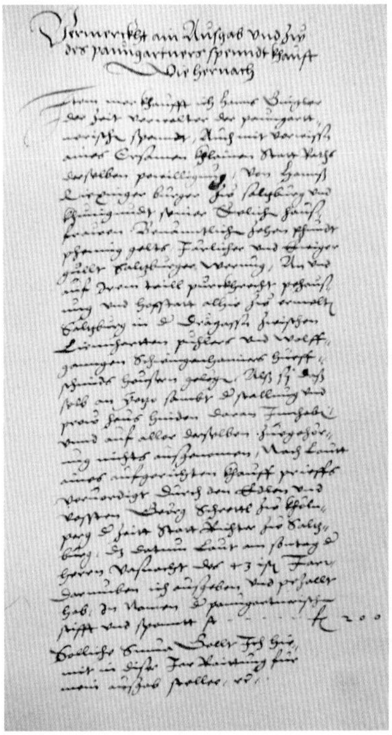

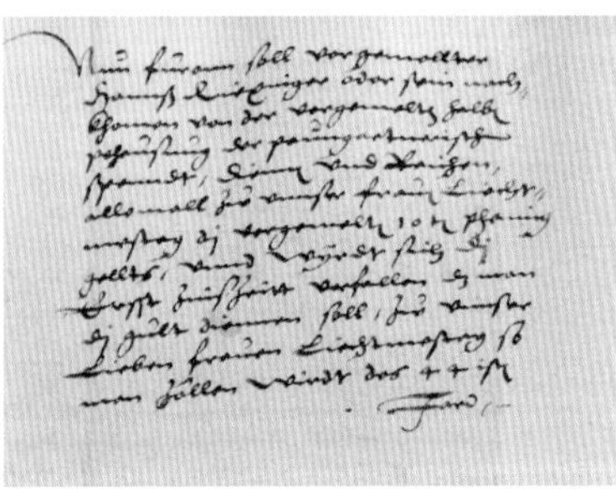

Erste Erwähnung einer Brauerei in der heutigen Getreidegasse in einem Rechnungsbuch aus dem Jahr 1543.

Seit fast 500 Jahren gehört die Brauerei mit Wirtshaus zu Salzburg. Auf die wichtigsten Ereignisse reduziert, bietet die folgende Chronik Überblick und Orientierung, um sich an diesem historischen, aber immer noch quicklebendigen Ort zurechtzufinden.

1542: Eine Brauerei auf dem Hinterhof

Ein Kaufvertrag erwähnt die Brauerei erstmals – und zwar als Haus in der Draggasse, heute Getreidegasse 34. Die Brauerei stand samt den Stallungen auf dem Hinterhof Richtung Salzach und der heutigen Griesgasse. Gemäß der schriftlichen Überlieferung ist sie die zweitälteste von den zahlreichen Brauereien in der Getreidegasse. Der im Kaufvertrag genannte Hanns Riexinger ist der erste namentlich bekannte Brauer des Hauses. Mit seiner Frau Kunigunde führte er den Betrieb und übergab ihn schließlich an seinen Sohn.

1569: Schankbetrieb im Riexingerhaus

Die Erwähnung eines Kellner Maidl im Haushalt des nunmehrigen Inhabers Marx Riexinger gilt als der erste schriftliche Beleg für den Betrieb eines Wirtshauses, in dem das gebraute Bier auch ausgeschenkt wurde. Kurz nach 1571 verkaufte der Enkel (wiederum ein Hanns Riexinger) die Brauerei mit Garten, die fortan mehrfach die Besitzerin bzw. den Besitzer wechselte.

1623: „Würthsbehausung bei dem gulden Stern" in der Trägassen

Kurz nach dem Ausbruch des Dreißigjährigen Krieges übernahmen Carl Dunstler und seine Frau Ursula Gernerin die Brauerei und Gastwirtschaft. Ganz unter dem Eindruck der Kriegsereignisse ließ Fürsterzbischof Paris Lodron die Stadtbefestigungen auf den neuesten Stand bringen: Eine neue, kanonenfeste Stadtmauer wurde errichtet samt einer in die Salzach ragenden Bastei, deren Form entfernt an einen Stern erinnerte. Schon bald wurde in den Quellen aus dem kleinen Dunstlerhaus die „Würthsbehausung bei dem gulden Stern" in der Trägassen. Carl Dunstlers Sohn verkaufte das Sternbräu, wie man es ab 1650 immer öfter nannte, schließlich an einen Mitbewerber von der anderen Seite der Getreidegasse: Stefan Stockhamer vom Stockhamerbräu.

Historische Darstellung der Sternbastei in einem Kundschaftsbrief der Druckerei Franz Xaver Oberer aus dem Jahr 1810.

1645: Stockhamerbräu und Sternbräu in Personalunion

Das Sternbräu war eine mittelgroße Brauerei. Eine im Jahr 1700 erstellte Übersicht der in Salzburg vorhandenen kupfernen Braupfannen bescheinigte ihr jedoch die größte Sudpfanne der Stadt und somit die höchste Braukapazität aller Wirtshäuser.

1742: Der Stern „geht auf die Gant"

Der Konkurs von Johann Georg Stockhamer und die anschließende Versteigerung des Betriebs läuteten eine neue Ära ein: jene der aus Tittmoning stammenden, aber im Salzburger Wirtschaftsleben tief verwurzelten Familie Wilhelmseder, die mit den Stockhamers verbandelt war. Der „abgehauste" Johann Georg Stockhamer hatte 1737 die Gastwirts- und Schiffmannstochter Maria Anna Wilhelmseder geheiratet. Und so war Anna Maria Stadlerin aus Tittmoning, die bei der Versteigerung mit stolzen 18 050 Gulden für das Höchstgebot verantwortlich zeichnete, eigentlich die Schwiegermutter des Konkursanten. Sie wiederum übergab das Sternbräu an ihren Sohn Johann Mathias Wilhelmseder zur Bewirtschaftung.

1744: Johann Mathias Wilhelmseder – Brauer im zweiten Bildungsweg

Als der junge Mann in den Stern kam, war er lediglich Gastwirt. Von der Braukunst hatte der gelernte Kellner keine Ahnung, er musste sich auf seine Brauknechte verlassen. Also beschloss er 1744, sich selbst als Lehrling zu bewerben. Doch ein erwachsener, verheirateter Lehrling mit Familie und eigenem Betrieb war in den strengen zünftischen Regelungen gar nicht vorgesehen. Sein Vorhaben sorgte

Johann Mathias Wilhelmseder.

daher für Aufsehen und wurde mehrfach im Stadtrat kontrovers diskutiert. Am Ende war seine Beharrlichkeit erfolgreich. Nach fast zwei Jahren Überzeugungsarbeit konnte er mit der Unterstützung der Zunftmitglieder seine Lehre im benachbarten Stockhamerbräu antreten.

1756: Großgaststätte mit eigener Kapelle

Das Sternbräu hatte sich bis zur Mitte des 18. Jahrhunderts zu einer Großgaststätte entwickelt: 28 Räume unterschiedlicher Größe und Ausstattung sowie ein großer Garten standen den Gästen zur Verfügung, ebenso 56 Betten. Für besondere Anlässe waren eine Hochzeitsstube, ein Tanzboden, mehrere Kegelbahnen und sogar eine eigene Kapelle samt Sakristei vorhanden. Der Bierherstellung standen eigene Betriebsräume und zahlreiche Gerätschaften zur Verfügung. Allein mit den zu diesem Zeitpunkt im Haus lagernden Getreidevorräten hätte man in Salzburg eine der kleinen Braugaststätten aufkaufen können. Das Wertverhältnis der Möbel und anderer Gegenstände zu den gelagerten Vorräten zeigt: Der Goldene Stern war vielleicht nicht das allerfeinste Haus, dafür aber umso umsatzstärker. Die solide Qualität wussten nicht nur Reisende zu schätzen, sondern auch so manche Bewohner*innen Salzburgs. Wie auch in anderen Gaststätten der Stadt üblich, wurden im Stern einige Zimmer in den oberen Stockwerken dauerhaft vermietet. 1794 waren 61 Dauergäste gemeldet; auch Leopold Mozart nahm das Haus 1770 in die engere Wahl, als er eine neue Unterkunft für seine Familie suchte.

1772: Missernten, Zahlungsschwierigkeiten und ein Höchstgebot

Die zweite Hälfte des 18. Jahrhunderts war eine schwierige Zeit: Hohe Steuerbelastungen, steigende Lebensmittelpreise und sinkende Kaufkraft machten den Salzburger Braugaststätten das Leben schwer. 1772 musste schließlich auch Johann Mathias Wilhelmseder Konkurs anmelden. Der Salzburger Hofkriegsrat und Landschaftskanzler Johann Ernst Edler von Antretter und seine Frau erhielten bei der folgenden Versteigerung den Zuschlag. Der neue Inhaber war vermögend, mehrfacher Hausbesitzer in der Stadt und mit der Familie Wilhelmseder familiär verbunden. Er und seine Frau zahlten die höchste Summe, die jemals vor der Säkularisation für einen Salzburger Brau- und Gastronomiebetrieb ausgegeben wurde.

1781: Der Stern sinkt

Als die Antretters sie neun Jahre später an Kordula Hierlin (Hörl) verkauften, hatte die Immobilie fast 20 Prozent an Wert eingebüßt. Die Glanzzeit der Gaststätte war vorbei, 1783 wird sie von Lorenz Hübner in seiner topographischen Beschreibung Salzburgs als „ehemals sehr berühmtes Wilhelmsederisches Weinwirtshaus zum goldenen Sterne" bezeichnet, dann versank das Haus bis in die 1850er-Jahre in die Bedeutungslosigkeit: ein durchschnittlicher Gasthof mit durchschnittlichem Bier und ebenso durchschnittlichem Essen. Für größere Klagen gab es keinen Anlass, aber für eine Empfehlung in den Reiseführern reichte es nicht. Veranstaltungsplakate zeigen jedoch, dass das Sternbräu weiterhin tief im gesellschaftlichen Leben verwurzelt blieb: Kegelpartien, Vereinsversammlungen und Pferdeversteigerungen wurden hier abgehalten, Schausteller und Jahrmarktkünstler traten auf, Boten nahmen Briefe und Sendungen für die umliegenden Gegenden in Empfang und ein physikalisches Kunstkabinett und sogenannte Völkerschauen brachten die Menschen zum Staunen.

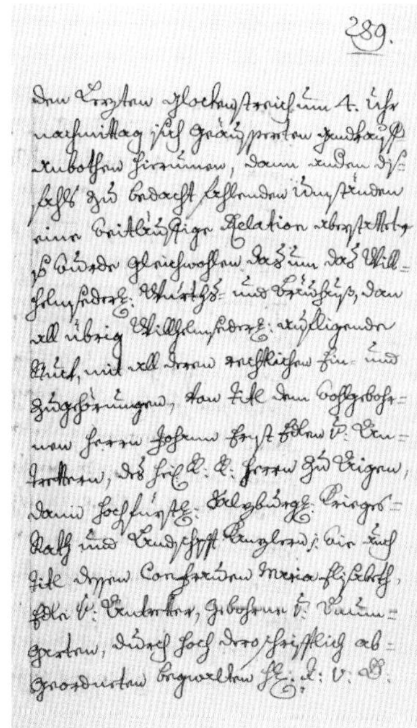

Die Stadt Salzburg bestätigt den Kauf des Goldenen Sterns durch Johann Ernst von Antretter und seine Frau.

1886: Vom familiären Handwerksbetrieb zum modernen Großunternehmen

Weitere Mitglieder der Familie Hörl hatten den Gasthof seit 1854 umfassend renoviert und erweitert: Stallungen wurden für gastronomische Zwecke umgebaut, eine große Veranda sowie mehrere Schank- und Gästezimmer errichtet, die Mälzerei modernisiert und der Bierlagerkeller hinter den Mönchsberg in das Stadtviertel Riedenburg verlegt. Johann Schwaiger, Ehemann der Maria Hörl, verkaufte die Brauerei samt Gastwirtschaft schließlich an mehrere Käufer. Die zwei bayerischen Brauereibesitzer Max Josef Wieninger und Alwin Angermann gründeten daraufhin gemeinsam mit Jakob Fromm und Heinrich Ludwig Lochmann die Aktiengesellschaft Sternbräu AG und bestellten einen Vorstand, Verwaltungsrat und Brauereidirektor. Die Gaststätte wurde ab sofort an verschiedene Pächter vergeben.

1906: Der Stern zieht weiter

Die betriebliche Umstrukturierung schlug sich in den Produktionszahlen nieder: Der Bierausstoß verdoppelte sich und die Brauerei musste vergrößert werden. Trotz eines jahrelangen Rechtsstreits mit den Anwohner*innen im Stadtteil Riedenburg, die Rauchbelästigung und weitere Beeinträchtigungen befürchteten, wurde 1906 die gesamte

Brauerei an die Steinbruchstraße verlegt. Dort befand sich bereits ein Bierlager des Sternbräu und seit 1897 auch der Sternkeller, eine eigenständige Ausschank, um die wachsende Bevölkerung im Bereich der Neutorstraße mit kühlem Bier zu versorgen.

1916: Kriegsküche statt Bierseligkeit

Mangelnde Ressourcen führten zu Teuerung und Rationierung. Das verfügbare Getreide vermochte kaum mehr den Hunger der Menschen zu lindern, Bier wurde zum Luxus. Das Sternbräu lief nur noch auf Sparflamme. Im Garten und in den dazugehörigen Gebäuden wurde im November 1916 eine Kriegsküche eingerichtet, die ausgebombten und mittellosen Menschen ein einfaches, aber nahrhaftes Mittag- und Abendessen garantierte. In einer Wärmestube konnten sich all jene, die ihr Zuhause nicht mehr heizen konnten, für einige Stunden aufwärmen. Gegen Kriegsende war die Sternbräu AG gezwungen, ihr Stammhaus in der Altstadt zu verkaufen, konnte es aber 1925 wieder zurückholen.

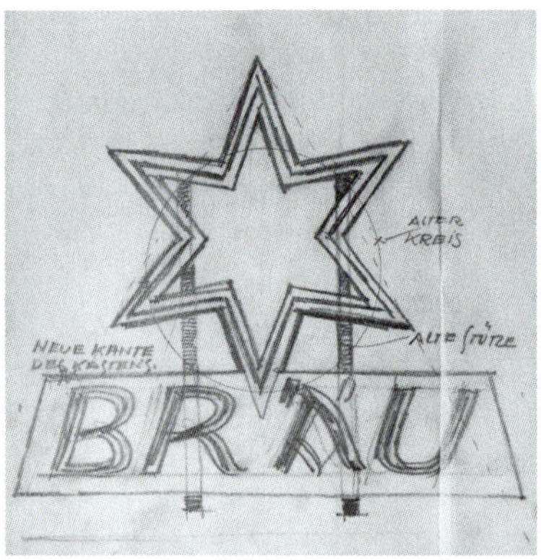

Die immer noch weithin sichtbare Leuchtreklame am Dach des Sternbräu.

1926: Der Stern erstrahlt neonfarben

Die Goldenen Zwanziger verhalfen auch dem Sternbräu zu neuem Aufschwung. 1926 wurde der gesamte Komplex rundum erneuert und erweitert. Aus einem verwahrlosten Anwesen war schon bald ein hochmoderner Gastronomiebetrieb geworden. Mit den neuen Räumlichkeiten verschob sich der Schwerpunkt des Gasthauses nun endgültig Richtung Griesgasse. Fortschrittlich und ein Symbol der neuen Zeit war damals die große Leuchtreklame auf dem Dach des Großgasthofs, die als erste ihrer Art in Salzburg großes Aufsehen erregte und noch heute – lediglich in leicht veränderter Form – in Betrieb ist.

1929: Übernahme durch die Brau AG

Mit der Übernahme der Sternbräu AG trat der damals größte Braukonzern Österreichs erstmals auch in der Stadt Salzburg in Erscheinung. Das Sternbräu wurde erneut komplett umgestaltet und erweitert, diesmal nach dem Vorbild der großen Münchener Brauereien. Man ließ 1907 das aufgelassene Brauereigebäude abreißen und dafür einen neuen großen Gastgarten mit Selbstbedienung errichten. Die historischen Gaststuben in der Getreidegasse wurden endgültig aufgegeben. In den Wintermonaten 1930/31 entstand jene Bausubstanz, die für das restliche Jahrhundert Bestand haben sollte – und das bei laufendem Betrieb durch das Pächterehepaar Franz und Fanny Kitlitschka.

1938–1949: Vom „Kampflokal“ zur Army-Kantine

Das Sternbräu wurde zu einem Fixstern im gesellschaftlichen Leben Salzburgs und zu einem beliebten Ort für Vereinszusammenkünfte, Bälle und Faschingsveranstaltungen. Auch nach dem „Anschluss“ Österreichs an das Deutsche Reich und im Zweiten Weltkrieg behielt es diese Rolle durchaus bei: Während im Zuge der Novemberpogrome jüdische Geschäfte, die sich im Umfeld des Areals befanden, zerstört und ihre Inhaber*innen deportiert wurden, erhielt das Sternbräu den Ehrentitel „Kampflokal“, da es den bis 1938 „illegalen Nazis“ als Unterschlupf gedient hatte. Der damalige Pächter Karl Ohneiser outete sich sofort nach der Legalisierung der NSDAP als Parteimitglied und machte die Gaststätte zu einem Musterbeispiel nationalsozialistischer Betriebsführung.
Dem Bombenhagel entkam das Sternbräu in den folgenden Kriegsjahren vergleichsweise glimpflich. Erst mit dem vorletzten Luftangriff Ende April 1945 wurde der hintere Teil Richtung Griesgasse in Schutt und Asche gelegt. Nach der Kapitulation beschlagnahmten die US-Truppen das Sternbräu. Nun wurden darin politische und kulturelle Veranstaltungen abgehalten und eine Mensa für die zahlreichen österreichischen Zivilangestellten der Besatzungsmacht eingerichtet. Am 1. Oktober 1949 wurde der Gastbetrieb schließlich feierlich den eigentlichen Pächtern Alois und Anna Schöll zurückgegeben, die ihn erfolgreich bis 1959 weiterführten.

Seite 13 Salzburger Nachrichten Samstag, 1. Oktober 1949

Kinderseife 1 Stück S 2.70 | Drahthaarbürsten 1 Stück S 26.50 | Gummiwärmeflaschen 1 Stück S 13 90 | Kaufmann PERNER gegenüber dem Kurhaus | Küchengarnitur 3 Formen S 16.50 | Wassereimer Email S 39.50 | Bodenreibtücher Ia S 3.90

Samstag, 1. Oktober 1949 Wiedereröffnung der Großgastwirtschaft STERNBRÄU

Stern Bier Sternbräu Salzburg

Salzburg, Griesgasse 23
Telephon 1440
Jeden Samstag und Sonntag Konzert!

Inserat anlässlich der Wiedereröffnung des Sternbräu im Herbst 1949 in den Salzburger Nachrichten.

Die Bauarbeiten stehen vor dem Abschluss.

1956: Der Stern ohne Bräu

Die Brauerei in der Riedenburg wurde geschlossen: Es hieß, die Anlage sei veraltet, eine Modernisierung zu teuer und das große, hocheffiziente Hofbräu Kaltenhausen, das ebenfalls zur Brau AG gehörte, ohnehin gleich um die Ecke. Die Rationalisierungsmaßnahmen des Konzerns beendeten eine 400 Jahre währende Biertradition: Man versprach zwar, weiterhin ein eigenes Sternbier zu produzieren, doch schon bald schenkte man im Sternbräu nur mehr Kaltenhausener Bier aus. Die ehemalige Brauerei wurde zu einem Lager umfunktioniert.

Ab 1979: Vielfalt und Erlebnis

Bis Ende der 1970er-Jahre kümmerten sich wechselnde Wirtsleute im Großgasthof Sternbräu in erster Linie um das leibliche Wohl der Gäste. Auf Johann und Hilde Stadler, die das Sternbräu fast zwei Jahrzehnte mit Erfolg geführt hatten, folgte Dr. Günter Puttinger als Pächter nach. Mit ihm begann 1979 eine neue Phase der Expansion: Mit dem „Braumeister" erhielt Salzburg sein erstes Bierpub. Zwischen 1986 und 1988 wurden gemeinsam mit der Eigentümerin, der Brau AG, umfangreiche Umbauarbeiten durchgeführt. Der Stern-Biergarten erhielt ein neues Gesicht und die „Trattoria La Stella" öffnete ihre Tore. Ab dem Jahr 2000 entwickelte sich der neu adaptierte Sternsaal durch Theater- und Kabarettaufführungen sowie die bekannte „Sound of Salzburg Dinner Show" zum beliebten Kultur- und Veranstaltungszentrum in der Salzburger Altstadt.

Geschäftsführer Harald Kratzer und der neue Küchenchef Michael Pratter schmieden Pläne für die Zeit nach dem Umbau.

2006: Das Sternbräu geht ins 21. Jahrhundert

Nach 28 Jahren endete die Ära Puttinger, Prokurist und Marketingleiter Mag. Harald Kratzer trat in seine Fußstapfen. Mit Sommerfesten, Konzerten und der 2007 eröffneten Abendstern-Bar sprach er ganz neue, jüngere Zielgruppen an. Seit 2008 gibt es – immerhin nach 52 Jahren Pause – wieder ein eigens in der Brauerei Kaltenhausen produziertes Sternbier im Sternbräu. 2010 wurde die Salzburger Immobilien Bauträger AG neuer Eigentümer der Sternbräu-Immobilie.

2013/14: Der große Umbau

Anfang 2013 begann die bislang größte Um- und Ausbauphase in der Geschichte des Sternbräu: ein Wagnis zwischen zeitgenössischer Architektur und Erhaltung der traditionsreichen und zum Teil auch denkmalgeschützten Räume. Der Betreiber übernahm in der

Zwischenzeit mit dem Gablerbräu in der Linzergasse 9 ein weiteres Salzburger Traditionshaus.
Am 1. Oktober 2014 wurde das Sternbräu mit einer großen Feier eröffnet: als neuer urbaner Knotenpunkt mit zahlreichen gastronomischen Angeboten für alle Zielgruppen. Die Salzburger Altstadt, für viele das schönste „Einkaufszentrum" der Welt, war fortan um ein neues gastronomisches Herz reicher. Und das Sternbräu bekam Kinder: SternLounge, SternZeit, die Trattoria „La Stella" und der Stern Biergarten entwickelten sich zu Lokalitäten mit eigener Positionierung und eigenem Auftritt. In der SternLounge werden die mittlerweile sehr beliebten Salzburger Tapas angeboten. Verantwortlich für diesen vielfältigen Küchenkosmos zeichnet seit der Wiedereröffnung Haubenkoch Michael Pratter.

In der neuen SternLounge bietet Küchenchef Pratter von ihm kreierte Salzburger Tapas an.

Ausblick 2027: Weltbekannt in Salzburg

Nicht nur Salzburger Stammgäste fühlen sich wohl in dem geschichtsträchtigen Gastrokomplex, auch Gäste aus aller Welt kommen gerne und aus Überzeugung wieder – so etwa die ehemalige deutsche Bundeskanzlerin Angela Merkel. Das eigene Sternbier ist mittlerweile das beliebteste Bier im Haus. Eva Kratzer-Burgstaller und Harald Kratzer führen das Sternbräu gemeinschaftlich und wollen bis zum 485-jährigen Jubiläum 2027 den Traditionsbetrieb weltberühmt machen.

Eröffnung des „neuen" Sternbräu im Oktober 2014: Harald Kratzer mit den Eigentümervertretern BM Ing. Andreas Neumayr (li.), Dr. Franz Modrian (2. v. re.) und BM Ing. Sebastian Neumayr (re.)

VORSPEISEN & SUPPEN

PRATTERS BRETTLJAUSE

In Bier gebeizte Lachsforelle mit Zitronenhafer und Sauerrahmrolle im Pumpernickel

4 Personen ✶✶✶

Fischbeize (für 1 kg Fischfilet)
200 g Dill, grob geschnitten
70 g Petersilie, grob geschnitten
10 g Wacholderbeeren
6 g Koriander, ganz
50 g Salz
10 g Pökelsalz
10 g Zucker
100 ml Olivenöl
20 ml Weißweinessig
500 ml dunkles Bier

Zitronenhafer
100 g Nackthafer
2 Jungzwiebeln, fein gewürfelt
250 g Gurken, geschält, entkernt, in kleine Würfel geschnitten
1 Zitrone, Schale und Saft
1 TL Honig
2 EL Hanföl
Petersilie, gehackt
2 EL Naturjoghurt
Salz, Pfeffer

Sauerrahmrolle im Pumpernickel
300 g Pumpernickel
3 ½ Blatt Gelatine
175 g Sauerrahm
125 g Crème fraîche
3 EL Olivenöl
½ Zitrone, Saft
Salz, Pfeffer
75 ml Obers, geschlagen

Hanfsamen
Bierradi, gehobelt

Für die Beize den Dill und die Petersilie mit den Stielen grob schneiden, die Wacholderbeeren und den Koriander zerstoßen. Alle Zutaten vermischen und gleichmäßig auf den Fischfilets verteilen. Mit Folie abdecken und 24 Stunden im Kühlschrank beizen.

Hafer in einem Topf mit kaltem Wasser bedecken und über Nacht einweichen.

Den Pumpernickel auf einem Backpapier zerbröseln und bei 60–80 °C für etwa 2 Stunden im Backrohr gut trocknen. Danach in einer Moulinette (Zerkleinerer) ganz fein zerkleinern.

Den eingeweichten Hafer für etwa 30 Minuten weich kochen und dann in einem Sieb mit kaltem Wasser spülen. Gut abtropfen lassen. Die Zwiebeln fein würfeln, die Gurke schälen, entkernen und ebenfalls in kleine Würfel schneiden. Zitronensaft und -zesten mit Honig, Hanföl, Petersilie und Joghurt verrühren. Den gekochten Hafer mit dem geschnittenen Gemüse und der Marinade vermischen. Mit Salz und Pfeffer abschmecken.

Die Gelatine in kaltem Wasser einweichen. Sauerrahm, Crème fraîche, Olivenöl und Zitronensaft gut verrühren. Mit Salz und Pfeffer würzen. Die aufgelöste Gelatine zügig in die Masse rühren und zum Schluss das geschlagene Obers unterheben. Die Masse auf Klarsichtfolie geben und zu einer Rolle formen. Für 2 Stunden kalt stellen.

Die festgewordene Sauerrahmrolle aus der Folie nehmen und im Pumpernickel wälzen. Die Hanfsamen in einer Pfanne ohne Öl rösten, bis ein nussiger Duft entsteht. Den Fisch sorgfältig von der Beize befreien und in feine Scheiben schneiden. Den Zitronenhafer mit den Hanfsamen bestreuen. Abschließend die gebeizte Lachsforelle mit Zitronenhafer und Sauerrahmrolle in Scheiben auf Tellern anrichten und mit Bierradi dekorieren.

GEGRILLTES GEMÜSE MIT ABERSEER SCHAFSKÄSE

4 Personen ★☆☆

Basilikumpesto
(gut zum Vorbereiten)
1 Bund Basilikum
100 ml Olivenöl
1 TL Pinienkerne
Meersalz

Grillgemüse
1 Zucchini, in Scheiben geschnitten
1 Melanzani, in Scheiben geschnitten
1 rote Paprika, geschält und geviertelt
1 gelbe Paprika, geschält und geviertelt
8 getrocknete Tomaten
Olivenöl
1 Zweig Thymian
1 Zweig Rosmarin
Salz, Pfeffer aus der Mühle

400 g Aberseer Schafsfrischkäse (Rolle)

Für das Basilikumpesto sämtliche Zutaten mixen oder in einem Mörser zu einem Pesto verarbeiten.

Die Gemüsesorten nacheinander in Olivenöl und Kräutern braten. Mit Salz und Pfeffer würzen.

Zucchini, Melanzani, Paprika und getrocknete Tomaten auf Tellern anrichten. Den Schafsfrischkäse in Scheiben schneiden und auf dem Gemüse platzieren. Mit dem Pesto garnieren.

VITELLO „STEIRISCH" MIT KÄFERBOHNEN UND KERNÖL-SAUERRAHM

4 Personen ✶☆☆

1 Kalbstafelspitz (ca. 0,7 kg)
Salz, Pfeffer aus der Mühle
Öl

Kernöl-Sauerrahm
150 g Sauerrahm
1 Zitrone, Saft
2 EL Kernöl
1 TL Oberskren
1 EL Schnittlauch, fein geschnitten
Salz, Pfeffer aus der Mühle

120 g Käferbohnen, gekocht
1 EL Kürbiskerne, geschrotet
Vogerlsalat

Den Kalbstafelspitz mit Salz und Pfeffer würzen. In Öl beidseitig anbraten und anschließend im Backrohr für ca. 35 Minuten (150 °C, Heißluft) garen. Gut auskühlen lassen.

Sauerrahm mit Zitronensaft, Kernöl, Oberskren und Schnittlauch gut vermischen. Mit Salz und Pfeffer würzen.

Den bei Zimmertemperatur abgekühlten Kalbstafelspitz in feine Scheiben schneiden und auf den Tellern wie ein Carpaccio überlappend anrichten. Den Kernöl-Sauerrahm über das Fleisch streichen. Mit Käferbohnen, geschroteten Kürbiskernen und Vogerlsalat garnieren.

LAUWARMER SEESAIBLING MIT PIKANTEM COUSCOUS

4 Personen ✶✶☆

Olivenölmarinade
½ Limette, Saft
80 ml fruchtiges Olivenöl
Meersalz
schwarzer Pfeffer

1 kg Filet vom Seesaibling

Couscous
150 g Couscous
Meersalz
etwas Chili
Koriander aus der Mühle
280 ml Rindsuppe
80 g Tomatenwürfel
1 TL Estragon, fein geschnitten
1 TL Thymian, fein geschnitten
1 TL Basilikum, fein geschnitten
3 Blättchen frischer Majoran

Sauce
150 ml Olivenöl
jeweils 30 g Karotten,
Lauch, Fenchel, Schalotten,
Stangensellerie (alles gewürfelt)
30 g Tomatenwürfel
400 ml Fischfond
1 Zweig Thymian
1 Zweig Rosmarin
½ Bio-Zitrone, Schale
etwas Safran
1 TL Blattpetersilie
1 TL Minze
1 TL Estragon
3 EL Tomatenwürfel

Limettensaft und Olivenöl mit wenig Salz und Pfeffer vermengen. Vier Teller damit einpinseln. Mit einem ganz scharfen Messer feine Scheiben vom Seesaibling abschneiden, nebeneinander auf die Teller legen und dünn mit der Marinade bepinseln. Anschließend die Teller jeweils komplett mit Klarsichtfolie bedecken.

Den Couscous mit den Gewürzen mischen, mit der kalten Rindsuppe übergießen und 20 Minuten ziehen lassen. Der Couscous sollte noch Biss haben, aber nicht zu hart sein. Bei Bedarf noch etwas Rindsuppe nachgießen und erneut quellen lassen.

Für die Sauce das Olivenöl in einem Topf erhitzen. Karotten, Lauch, Fenchel, Schalotten, Sellerie und Tomaten darin anschwitzen. Mit dem Fischfond ablöschen. Thymian, Rosmarin, Zitronenschale sowie etwas Safran dazugeben und bei geringer Hitze köcheln lassen, bis das Gemüse weich, aber nicht verkocht ist. Kräuterzweige und Zitronenschale entfernen. Mit einem Mixstab kurz etwas pürieren, sodass die Sauce eine leichte Bindung erhält und sämig wird, ein Teil des Gemüses aber noch erkennbar ist. Mit Salz und Pfeffer abschmecken.

Kurz vor dem Anrichten Couscous mit den Tomatenwürfeln und Kräutern mischen und nochmals abschmecken. Direkt vor dem Servieren bei der Sauce noch die fein geschnittenen Kräuter und die Tomatenwürfel zugeben. Die Teller mit dem abgedeckten Seesaibling im Backofen bei höchstens 60 °C für 10 Minuten erwärmen. Anschließend die Folie entfernen, den Couscous darauf anrichten und die Sauce über den warmen Seesaibling gießen.

TATAR VOM RÄUCHERAAL MIT ERDÄPFELN UND KOPFSALAT-VINAIGRETTE

4 Personen ✶✶☆

Tatar
300 g Räucheraal, gewürfelt
2 EL Gurken, geschält und fein gewürfelt
1 TL Schalotte, fein gewürfelt
1 TL Schnittlauch, frisch geschnitten
2 EL Olivenöl
Salz, Pfeffer aus der Mühle
etwas Zitronensaft

Stampfkartoffeln
150 g mehlige Kartoffeln
100 ml Rindsuppe
Salz, Pfeffer aus der Mühle
Weißweinessig, Olivenöl

Kopfsalat-Vinaigrette
80 ml Saft von gepresstem Kopfsalat
30 ml Apfelessig
30 ml Rindsuppe
30 ml Olivenöl
50 ml Maiskeimöl
Salz, Pfeffer aus der Mühle
Zitronensaft, nach Belieben

Den gewürfelten Räucheraal mit den restlichen Zutaten vermengen. Mit Salz, Pfeffer aus der Mühle und etwas Zitronensaft abschmecken.

Die Kartoffeln mit der Schale in Salzwasser weich kochen, dann schälen und etwas ausdampfen lassen. Anschließend die Kartoffeln zerstampfen. Dabei die Rindsuppe nach und nach dazugeben, damit die Masse nicht zu dünn wird. Sie sollte noch kleine Stückchen enthalten und sämig sein. Mit Salz, Pfeffer aus der Mühle, Weißweinessig und etwas Olivenöl abschmecken.

Für die Vinaigrette alle Zutaten gut verrühren.

Einen Servierring auf dem Teller platzieren. Zuerst die Stampfkartoffeln, dann den Räucheraal jeweils ca. 2 cm hoch einfüllen und anschließend glatt streichen. Den Ring vorsichtig abstreifen und das Ganze mit der Kopfsalat-Vinaigrette umgießen.

AVOCADO-TÖRTCHEN MIT MANGO-PINIENKERN-KOMPOTT

4 Personen ✶☆☆

Mango-Pinienkern-Kompott
½ Mango, geschält, gewürfelt
60 g Pinienkerne, geröstet
2 EL Tomaten, gewürfelt
1 TL Petersilie, gehackt
20 ml Apfelessig
Zitronensaft, nach Belieben
80 ml Olivenöl
1 TL Honig
Salz, frisch gemahlener Pfeffer
Tabasco

Avocado-Tatar
200 g Avocado, geschält,
in kleine Würfel geschnitten
1 Apfel, geschält,
in kleine Würfel geschnitten
1 Zitrone, Saft
50 ml Olivenöl
Ingwer, gemahlen
Salz, frisch gemahlener Pfeffer
Tabasco

Für das Kompott die Mango schälen, würfeln und mit den anderen Zutaten vermengen. Pikant abschmecken. Anschließend 2 bis 3 Stunden durchziehen lassen.

Für das Tatar die Avocado und den Apfel schälen, in kleine Würfel schneiden und in Zitronensaft und Olivenöl marinieren. Dann mit den Gewürzen abschmecken.

Das Avocado-Tatar ringförmig aufschichten und das Mango-Pinienkern-Kompott dazugeben. Mit frischen Kräutern garnieren.

OCHSENMAULSALAT MIT EINGELEGTEM KÜRBIS

4 Personen ✶☆☆

Eingelegter Kürbis
200 g Maiskeimöl
10 g frischer Ingwer
20 g Knoblauch, geschält
30 g Salz
1 l Rindsuppe
150 g Kristallzucker
100 ml Weißweinessig
400 g Kürbis (Muskat oder Hokkaido), in mittelgroße Würfel geschnitten

Ochsenmaulsalat
400 g Ochsenmaul, gepresst und in Rauten geschnitten (von der Metzgerei des Vertrauens)
½ rote Zwiebel, in feine Würfel geschnitten
4 EL Apfelessig
1 TL Dijon-Senf
2 EL Wasser
8 EL Maiskeimöl
½ Knoblauchzehe, fein geschnitten
Salz, Pfeffer, Zucker

1 TL Schnittlauch, geschnitten
4 Wachteleier, wachsweich gekocht, geschält
Radieschen, in dünne Scheiben geschnitten

Für den eingelegten Kürbis erst den Sud aus allen anderen Zutaten bereiten und aufkochen lassen. Dann die Kürbiswürfel einlegen und 6 Minuten ziehen lassen. Der Fond darf dabei auf keinen Fall mehr kochen. Kürbis mit der Flüssigkeit in Einweckgläser füllen und 3 Tage gut durchziehen lassen.

Für den Salat aus allen Zutaten eine Essig-Öl-Marinade zubereiten. Mit Salz, Pfeffer und Zucker abschmecken und auf die Ochsenmaulrauten geben. Eine Stunde gut durchziehen lassen.

Die Wachteleier 90 Sekunden wachsweich kochen, in kaltem Wasser abschrecken und vorsichtig schälen.

Ochsenmaulsalat vor dem Servieren mit frischem Schnittlauch bestreuen. Anschließend mit dem Kürbis und je einem Wachtelei anrichten.

LAUWARMER KALBSKOPF MIT EIERSCHWAMMERLN UND HIMBEEREN

4 Personen ✶✶✶

Himbeerdressing
150 g Himbeermark
40 ml Himbeeressig
8 ml Weißweinessig
20 g Dijon-Senf
200 ml Maiskeimöl
60 ml Tomatensaft
8 g Salz

500 g Kalbskopf, gepresst und
in dünne Scheiben geschnitten
(von der Metzgerei des Vertrauens)
300 g Eierschwammerl, geputzt
Salz, Pfeffer aus der Mühle
3 Strauchtomaten, gehäutet,
entkernt und in Würfel geschnitten

8 Radieschen,
in Streifen geschnitten
12 frische Himbeeren
Vogerlsalat
Friséesalat
Schnittlauch

Himbeermark, Himbeeressig, Weißweinessig und Dijon-Senf vermischen. Mit dem Öl aufmixen. Anschließend den Tomatensaft dazugeben und mit Salz abschmecken.

Die Eierschwammerl scharf anbraten und mit Salz und Pfeffer würzen. Die Tomaten häuten, entkernen und in Würfel schneiden.

Die Kalbskopfscheiben auf einen Teller legen. Den Kalbskopf mit Salz und Pfeffer würzen und das Himbeerdressing darüberträufeln. Mit den restlichen Zutaten garnieren. Der Kalbskopf sollte Zimmertemperatur haben.

GEBEIZTE REINANKE MIT MELANZANICREME UND ZUCCHETTI

4 Personen ✶☆☆

4 Filets von der Reinanke, entgrätet und geschuppt
4 Zucchetti, blanchiert und längs in Streifen geschnitten

Fischbeize (für ein 1 kg Fisch)
100 g Dill, fein geschnitten
70 g Petersilie, fein geschnitten
70 g Estragon, fein geschnitten
6 g Korianderkörner
20 ml Essig
100 g Olivenöl
50 g Salz
10 g Pökelsalz
10 g Zucker
10 g Wacholderbeeren, ganz
4 cl Wodka

Melanzanicreme
3 Melanzani
300 ml Olivenöl
Zitronensaft, nach Belieben
Zucker und Salz

Für die Beize zuerst die Kräuter fein schneiden und die Gewürzkörner grob zerstoßen. Dann alle Zutaten gut vermischen. Die Reinanken mit der Haut nach unten in ein Behältnis geben und die Beize gut darüber verteilen. Mit Klarsichtfolie abdecken und ca. 4 Stunden marinieren.

Die Melanzani in der Zwischenzeit der Länge nach halbieren und die Fruchtseite kreuzweise einschneiden. Dann 100 ml Olivenöl auf einem Backblech verteilen und die Hälften mit der Fruchtseite nach unten darauf legen. Im Backrohr bei 170 °C schmoren lassen, bis sie weich sind. Anschließend mit einem Löffel das Fruchtfleisch herauslösen und im Mixer mit dem restlichen Olivenöl, etwas Zitronensaft sowie Salz, Pfeffer und bei Bedarf einer Prise Zucker zu einer feinen Creme mixen.

Vor dem Servieren den Fisch aus der Beize nehmen und gut abstreifen, aber nicht waschen. Die Filets in feine Scheiben schneiden und mit der Melanzanicreme sowie den Zucchetti anrichten. Mit Kräutern nach Wahl garnieren.

TAFELSPITZ IM APFELMOSTGELEE MIT KRUSTENBROT

ca. 8 Personen ✱✱✱

Tafelspitz
1,5 kg Tafelspitz
1 Liebstöckelzweig
3 Lorbeerblätter
1 EL Pfefferkörner
1 Bund Suppengrün
2 geschwärzte Zwiebelhälften mit Schale

Gemüse
2 Karotten
2 kleine Petersilienwurzeln
¼ Sellerieknolle
1 Lauchstange
1 Bund Schnittlauch

Apfelmostgelee
14 Blatt Gelatine, in kaltem Wasser eingeweicht
800 ml Tafelspitzfond
200 ml Apfelmost
2 EL Apfelessig
Salz, Pfeffer
Muskat

8 dünne Scheiben Krustenbrot, in Butter knusprig gebraten
Salate der Saison
Radieschen, in dünne Scheiben geschnitten
Kernöl

Tafelspitz mit den Kräutern und Gewürzen in einen Topf geben und mit ausreichend Wasser aufgießen. Bei mittlerer Hitze ca. 2 Stunden kochen lassen, bis das Fleisch weich ist. Danach den Tafelspitz herausnehmen und mit einem feuchten Tuch abgedeckt auskühlen lassen. Anschließend den erkalteten Tafelspitz in kleine Würfel schneiden.

In der Zwischenzeit die Karotten, Petersilienwurzeln und Sellerie schälen und gemeinsam mit dem Lauch gleichmäßig in ½ cm dicke Scheiben schneiden. Eine Aufschnittmaschine leistet hier gute Dienste. Die Scheiben dann zu sehr kleinen Würfeln schneiden, in kochendem Salzwasser blanchieren und anschließend in Eiswasser abschrecken.

Die Tafelspitzsuppe durch ein feines Tuch passieren und davon 800 ml mit dem Apfelmost, dem Apfelessig und einer Prise Muskat vermischen. Die eingeweichte Gelatine in dieser noch heißen Flüssigkeit auflösen. Eine Terrinenform von 1 l Inhalt für die Sülze in ein großes Gefäß stellen und rundum Eiswürfel verteilen, damit die Tafelspitzsülze beim Einfüllen sofort stockt. Zuerst Gelee einfüllen, dann Gemüsewürfel. Diese mit Tafelspitzwürfel belegen. Danach wieder Gelee, Gemüsewürfel, Tafelspitzwürfel. Diesen Vorgang so lange wiederholen, bis die Terrinenform gefüllt ist. Anschließend für 2 Stunden kalt stellen.

Zum Servieren das Tafelspitzsülzchen in Scheiben schneiden. Mit Salaten der Saison, Kernöl und den knusprigen Brotscheiben anrichten.

GERÄUCHERTER HIRSCHRÜCKEN MIT EINGELEGTEN STEINPILZEN UND HOLUNDERRÖSTER

4 Personen ✶✶✩

Eingelegte Steinpilze
2 kg Steinpilze, geputzt und halbiert
15 g Schalotten, klein gewürfelt
15 g Knoblauchzehen, klein gewürfelt
3 Stängel Zitronengras,
in Stücke geschnitten
7 EL Olivenöl
20 Korianderkörner
20 Pfefferkörner, schwarz
10 Wacholderbeeren
3 EL Zucker
2,5 l Geflügelfond
125 ml Weißweinessig
7 EL Walnussöl
7 EL Erdnussöl
7 EL Sesamöl
15 EL Maiskeimöl
1 Zweig Rosmarin
1 Zweig Thymian

Geräucherter Hirschrücken
500 g Hirschrücken, ausgelöst
Salz, Pfeffer
1 Zweig Rosmarin
1 Zweig Thymian
100 g Räuchermehl
(im Angelhandel erhältlich)

Holunderröster
250 g schwarze Holunderbeeren,
tiefgekühlt
300 ml Rotwein
100 ml Crème de Cassis
80 g Kristallzucker

Die Steinpilze putzen und in saubere Einweckgläser geben. Alle übrigen Zutaten miteinander aufkochen lassen. Anschließend mit der kochend heißen Marinade die Einweckgläser auffüllen und sofort verschließen. Mindestens eine Woche ziehen lassen.

Den Hirschrücken mit Salz und Pfeffer würzen und beidseitig anbraten. Das Räuchermehl in ein geeignetes Behältnis geben. Den Hirschrücken sowie die beiden Gewürzzweige in einen dazu passenden Locheinsatz oder in ein Spritzsieb legen und auf den Topf stellen. Mit Alufolie gut abdecken und ca. 10 Minuten laut Packungsangabe räuchern.

Für den Holunderröster die schwarzen Holunderbeeren mit Rotwein, Crème de Cassis und Zucker in einem Topf aufkochen lassen. Nicht zu lange kochen, damit sich kein Schaum bildet. Bei geringer Hitze ca. eine Stunde leicht köcheln lassen. Wenn die Flüssigkeit eindickt, ist der Röster fertig.

Den ausgekühlten Hirschrücken mit einer Aufschnittmaschine oder einem scharfen Messer dünn aufschneiden und mit den leicht erwärmten Steinpilzen und dem Holunderröster anrichten.

BÄRLAUCHSUPPE

4 Personen ✶☆☆

100 g Petersilie
200 g Bärlauch
450 g Sauerrahm
2 Schalotten, in Streifen geschnitten
2 EL weiche Butter
120 ml Weißwein
600 ml Rindsuppe
150 ml Schlagobers
100 g Crème fraîche
1 Zitrone, Saft
Salz, Pfeffer aus der Mühle
4 EL Butterwürfel zum Montieren (möglichst klein geschnitten und sehr kalt)
4 EL Obers, geschlagen

Petersilie und Bärlauch unter kaltem Wasser gut reinigen, trocken tupfen und von dicken Stielen befreien. Zusammen mit dem Sauerrahm zu einer dicken Paste pürieren und durch ein Sieb streichen. Dann die Bärlauch-Sauerrahm-Paste beiseitestellen.

Schalotten in der Butter glasig anschwitzen und mit dem Weißwein ablöschen. Zur Hälfte einkochen lassen, mit der Rindsuppe auffüllen und erneut etwas einkochen lassen. Schlagobers und Crème fraîche einrühren und die Suppe etwa 15 Minuten auf kleiner Flamme köcheln lassen.

Die Suppe durch ein feineres Sieb passieren und mit Zitronensaft, Salz und Pfeffer abschmecken. Die Suppe mit den kalten Butterwürfeln montieren und anschließend mit der Bärlauch-Sauerrahm-Paste sowie dem geschlagenen Obers erneut aufmixen.

EIERSCHWAMMERL-BUTTERMILCHSUPPE

4 Personen ✶☆☆

1 l Buttermilch
400 g Eierschwammerl
2 Schalotten,
geschält und fein gewürfelt
2 EL Olivenöl
20 ml Sherry
250 ml Obers
250 ml Haltbarmilch
1 EL Crème fraîche
Salz, Cayennepfeffer

Die Buttermilch aufkochen und den Schaum abschöpfen. Die Eierschwammerl mit den Schalotten im Olivenöl scharf anbraten. Mit Sherry ablöschen und einkochen lassen. Dann Obers, Haltbarmilch und Crème fraîche dazugeben. Ca. 20 Minuten leicht köcheln lassen. Gut durchmixen und durch ein feines Sieb abseihen. Mit Salz und Cayennepfeffer abschmecken.

RINDERBOUILLON MIT KASPRESSKNÖDEL

4 Personen ✶✶☆

Kaspressknödel
1 Zwiebel, fein gewürfelt
120 g Butter
500 ml Milch
0,5 kg Knödelbrot
3 Eier
1 Prise Salz
250 g Bierkäse,
in kleine Würfel geschnitten
etwas Muskat
Pfeffer aus der Mühle

Butterschmalz, zum Ausbacken

Schnittlauch, frisch geschnitten
Rinderbouillon (S. 138)

Für die Kaspressknödel zuerst die Zwiebel in feine Würfel schneiden und in Butter glasig dünsten. Anschließend mit der Milch aufgießen. Dann die Zwiebeln mit der Milch und allen anderen Zutaten zum Knödelbrot geben und gut vermischen. Die Masse zu kleinen Knödeln (etwa 60 g schwer) formen und flach „pressen". In Butterschmalz wie ein Wiener Schnitzel langsam goldbraun ausbacken.

In der Rinderbouillon und mit frischem Schnittlauch anrichten.

RINDERBOUILLON MIT BUTTERNOCKERL

4 Personen ✶✶✩

Butternockerl
4 Eier
100 g Butter
Salz, Muskat
250 g Mehl
30 g Weißbrotbrösel
Rinderbouillon (S. 138)

Für die Nockerl Dotter und Eiklar trennen. Die Dotter mit der Butter und etwas Salz und Muskat kräftig verrühren. Anschließend das Mehl und die Brösel einarbeiten. Das Eiklar mit einer Prise Salz zu Schnee schlagen und unter den Teig heben. Mit einem nassen Esslöffel Nockerl abstechen und in siedendes Salzwasser geben. Etwa 12 Minuten zugedeckt ziehen lassen.

Nockerl in der Rindsuppe servieren.

STEIRISCHE KLACHLSUPPE

6 Personen ✶☆☆

1 Schweinestelze
3 Karotten
½ Sellerieknolle
1 Stange Lauch
1 Bund Petersilienstängel
2 Hälften geschwärzte Zwiebel mit Schale
Majoran, Pfefferkörner, Lorbeerblätter, Kümmel

Für die Einbrenn (Roux)
250 g Butter
4 EL Mehl
2 EL Weißweinessig
⅛ l Weißwein
1 l Kochfond von der Schweinestelze
125 ml Obers
2 EL Crème fraîche
150 g Sauerrahm
1 Knoblauchzehe
Majoran, frisch
1 Lorbeerblatt
Kümmel, gemahlen

Die Schweinestelze mit dem Gemüse und den Gewürzen in ausreichend Wasser weich kochen. Die Schweinestelze auslösen und in gleichmäßige Würfel oder Streifen schneiden.

Mit der Butter und dem Mehl eine helle Einbrenn herstellen. Mit dem Weißweinessig und dem Weißwein ablöschen. Kurz einkochen lassen und mit dem Haxenfond aufgießen. Ungefähr eine halbe Stunde leise köcheln lassen. Obers, Crème fraîche und Sauerrahm einrühren und zu einer sämigen Suppe kochen. Knoblauch und Gewürze dazugeben und noch einmal ca. 10 Minuten ziehen lassen.

Die Suppe durch ein feines Sieb seihen und vor dem Servieren aufmixen. Die Haxenwürfel wärmen und mit den Gemüsestreifen oder -würfeln in Suppentellern anrichten. Suppe eingießen und frischen Majoran darüberstreuen.

PARADEISERSUPPE MIT ABERSEER SCHAFSKÄSE-POFESEN

4 Personen ✶✶☆

Paradeisersuppe
700 g reife Tomaten,
in kleine Stücke geschnitten
4 EL Olivenöl
70 g Zwiebelwürfel
1 Knoblauchzehe,
geschält und fein gehackt
1 EL Tomatenmark
750 ml Rindsuppe
1 EL Zucker
Salz, frisch gemahlener Pfeffer

Schafskäse-Pofesen
200 g Aberseer-Schafsfrischkäse
Salz und Pfeffer
6 Scheiben Toastbrot
5 Eier
3 EL Parmesan, gerieben
Mehl
Butterschmalz zum Backen

Für die Suppe die Tomaten waschen, vom Stielansatz befreien und in kleine Stücke schneiden. Olivenöl in einem Topf erhitzen, darin Zwiebel und Knoblauch anschwitzen. Tomaten und Tomatenmark dazugeben, mit der Rindsuppe aufgießen. Mit Zucker, Salz und frisch gemahlenem Pfeffer abschmecken. Etwa 30 Minuten leicht köcheln lassen, bis ein Drittel der Flüssigkeit verkocht ist. Die Suppe durch ein nicht zu feines Sieb drücken. Mit Salz und Pfeffer nachwürzen.

Für die Pofesen den Schafskäse mit einem Löffel durchrühren und mit Salz und Pfeffer würzen. Drei Toastbrotscheiben ca. 0,5 cm hoch damit bestreichen und mit den drei verbliebenen Brotscheiben abdecken. Die Eier verquirlen und den frisch geriebenen Parmesan einrühren. Die gefüllten Toastbrote in Mehl wenden und beidseitig in die Eier-Käse-Mischung tauchen. Die Pofesen anschließend in heißem Butterschmalz goldgelb ausbacken, auf Küchenpapier gut abtropfen lassen und vierteln.

TOPINAMBURSUPPE MIT GÄNSEBRUST

4 Personen ✱☆☆

600 g Topinambur, geschält,
in Stücke geschnitten
2 Schalotten, klein gewürfelt
2 EL Olivenöl
2 EL Butter
60 ml Madeira
750 ml Rindsuppe
250 ml Obers
2 EL Crème fraîche
Salz, Cayennepfeffer
Muskatnuss, gemahlen
Zitronensaft, nach Belieben

12 Scheiben Gänsebrust, geräuchert

Topinambur schälen und in Stücke schneiden. Schalotten klein würfeln. Topinambur und Schalotten in einer Mischung aus Öl und Butter anschwitzen. Mit Madeira ablöschen und den Alkohol vollständig verdampfen lassen. Mit Rindsuppe und Obers aufgießen und die Topinambur anschließend weich kochen. Crème fraîche dazugeben und alles fein mixen. Mit Salz, Cayennepfeffer, Muskatnuss und Zitronensaft abschmecken.

Suppe in Tellern mit den Gänsebrustscheiben anrichten.

stern biergarten since 1907
Selbstbedienung Self-service
Gösser

SALZBURG UND DAS (STERN-)BIER

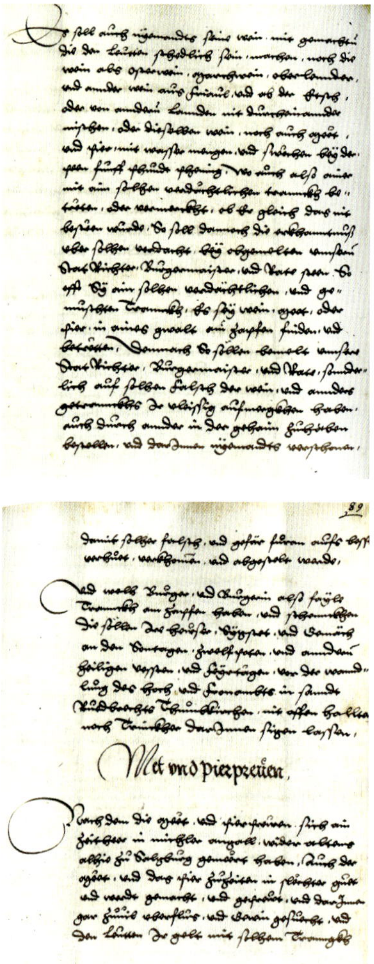
Met vnd pierpreuen

Ordnung des Met- und Bierbrauergewerbes unter Erzbischof Matthäus Lang von Wellenburg aus dem Jahr 1524.

Der vergorene Getreidesaft war nördlich der Alpen schon früh weit verbreitet und beliebt. Im Gegensatz zum Wein, der hier nur schlecht gedieh und viel kundige Pflege verlangte, konnte Bier in jedem Haushalt nach Bedarf und Geschmack hergestellt werden.
Einzelne Namen von Braumeistern begegnen uns bereits im 13. Jahrhundert, die Existenz gewerblicher Brauereien lässt sich jedoch erst im folgenden Jahrhundert belegen. Eine erste Gründungswelle bescherte der Stadt bis 1492 fünf florierende Braustätten, die zumindest namentlich heute noch bekannt sind. Ihnen folgten in einer zweiten Gründungswelle im Laufe des 16. Jahrhunderts sechs weitere, zu denen auch das spätere Sternbräu gehörte. Zu den zwölf bürgerlichen Brauereien gesellten sich im 17. Jahrhundert schließlich das klösterliche Augustinerbräu sowie kurzzeitig das von öffentlicher Hand betriebene Kaltenbräuhaus. Zu dieser Zeit produzierten im gesamten Erzstift Salzburg 95 Brauer an die 30 000 Hektoliter Bier.

Die Rolle der Obrigkeiten

Als Bier nicht mehr nur zur Deckung des Eigenbedarfs gebraut wurde und sich das Brauwesen zunehmend als gewinnbringendes Gewerbe entpuppte, bemühten sich die Obrigkeiten, das Metier zu reglementieren und die Freiheiten der Bürger*innen zunehmend einzuschränken. Stadtrechte und Handwerksordnungen, Taxordnungen und weitere Regelungen sollten den Konsum in geordnete Bahnen führen sowie die Qualität der Erzeugnisse und den gerechten Wettbewerb garantieren. Polizeiordnungen versuchten durch strenge Auflagen die Gefahr, die von Gewerben, die mit Feuer arbeiteten (und wozu auch die Brauer zählten), zu bändigen. Umgelder und andere Konsumsteuern sollten Geld in die öffentlichen Kassen spülen.
Der Dreißigjährige Krieg und seine Begleiterscheinungen verschärften die wirtschaftliche Situation im 17. Jahrhundert noch zusätzlich. Obwohl Salzburg kein direkter Kriegsschauplatz war, wurde die Bevölkerung über Sonderabgaben und Steuern an den hohen Ausgaben für Festungsbau und Aufrüstung beteiligt. Bier wurde mit mehreren

Steuern und Aufschlägen belegt. Die Monopolisierung des staatlichen Brauwesens und der sogenannte Bierzwang, der Brauer dazu verpflichtete, ihr Bier nur mehr in der eigenen Gaststätte auszuschenken und ihnen das Geschäft mit Dritten verbot, taten ihr Übriges. Dennoch bescherten Herstellung und Verkauf des goldenen Saftes den zwölf Salzburger Brauherren durchwegs Reichtum und Ansehen. Ihre Häuser waren wichtige und angesehene Orte des sozialen Lebens und beherbergten Hochzeiten und Primizen, Zunftversammlungen und Theateraufführungen. Man konnte Waren durchreisender Händler erwerben und Briefe an Postboten übergeben. Reisende fanden hier Unterkunft und Verpflegung sowie Versorgung für ihre Pferde.

Stich von Johann Christoph Thiene (1694): Darstellung verschiedener Aktivitäten in und vor einer Brauerei samt ausgiebiger Bierverkostung. In der Banderole steht: „Der Fleiß verschafft Den Gersten Safft Von guter Krafft".

Salzburg schrumpft – wie der Durst nach Bier

Die zweite Hälfte des 18. Jahrhunderts war eine schwierige Zeit für die Salzburger Gastwirte. Die hohe Steuerlast, die zahlreichen Reglementierungen und Einschränkungen sowie die vielen illegalen Winkelwirtshäuser schmälerten den Erwerb zusehends. Missernten in ganz Europa führten 1770 zu einer schweren Agrarkrise: Die Lebensmittelpreise schnellten in die Höhe, fast alle Salzburger Bäckereien und Brauereien mussten ihren Betrieb einstellen, weil ihnen das Getreide fehlte. Seuchen verschärften die angespannte Situation zusätzlich, die Bevölkerung in der Stadt schrumpfte. Um politische Diskussionen und mögliche Unruhen im Keim zu ersticken, wurden nach Ausbruch der Französischen Revolution in Paris die Sperrstunden vorverlegt. Das Ausbleiben der Gäste, die sich einen Wirtshausbesuch oft auch schlichtweg nicht mehr leisten konnten, trieb so manche Brauerei in den Ruin.

Das Zeitalter der Industrialisierung

Das 19. Jahrhundert brachte dem Salzburger Brauwesen zahlreiche Veränderungen. Die ehemaligen Salzburger Hofbrauereien wurden nach der Säkularisation nach und nach versteigert und gingen in Privatbesitz

Bierproduktion der Salzburger Stadtbrauereien im Jahr 1870	
Brauerei	**Produktion 1870**
Stieglbräu	14 543 hl
Bergerbräu	5 766 hl
Sternbräu	4 629 hl
Gablerbräu	4 188 hl
Kasererbräu	4 120 hl
Mödlhamerbräu	3 509 hl
Höllbräu	3 197 hl
Schlambräu	2 648 hl
Kloster Mülln	1 867 hl
Summe	44 467 hl
Quelle: Statistischer Bericht der Handels- und Gewerbekammer für das Herzogthum Salzburg an das hohe k. k. Handelsministerium über die Produktions- und Verkehrsverhältnisse nach den Ergebnissen des Jahres 1870, Salzburg 1872, S. 127.	

Bierproduktion der Salzburger Stadtbrauereien im Jahr 1870.

über. Zudem fiel das fürsterzbischöfliche Biermonopol, sodass niemand mehr gezwungen war, das Bier, das er braute, auch auszuschenken – fortan war es nun vielmehr erlaubt, das Bier an andere Wirtshäuser und Schankbetriebe zu verkaufen. Der Markt wurde liberalisiert. Gleichzeitig endete die Ära der kleinen, handwerklich geprägten Brauereien. Der allgemeine technische Fortschritt, etwa die Erfindung der Dampf- oder Kühlmaschine, die Einführung des untergärigen Brauverfahrens und die verbesserten Transportbedingungen durch die Eisenbahn wirbelten auch das Braugewerbe gehörig durcheinander: Wer jetzt nicht mutig auf die neuen Zeiten setzte und in die Modernisierung und Vergrößerung seines Betriebes investierte, war früher oder später zur Aufgabe gezwungen.

Ein regelrechtes Brauereisterben setzte ein: Von den 13 Brauereien in der Stadt des Jahres 1860 gab es 1912 nur mehr 5, im gesamten Kronland von den ehemals 75 nur mehr 36. Übrig blieben am Ende nur wenige Großbrauereien, die nach und nach insolvente oder unrentable Mitbewerber aufgekauft und ihren Kundenstock übernommen hatten. Die Schankbetriebe blieben jedoch meist bestehen, nur wurden sie nun mit Bier von den großen zentralen Braustätten außerhalb der Stadt beliefert.
Um 1900 produzierten Stiegl und das Hofbräu Kaltenhausen gemeinsam in etwa so viel Bier wie alle anderen 34 Braugaststätten Salzburgs zusammen. In den folgenden Jahren lieferten sich die beiden Platzhirsche einen erbitterten Konkurrenzkampf.

Salzburger Biergärten als Tourismusmagnet

Die Jahrzehnte vor dem Ersten Weltkrieg waren die „goldenen" Jahre der großen Gastgärten, oder besser Gartenlandschaften, ohne die keine Gaststätte oder Brauerei auskommen konnte. Im Sternbräu gehörten zum Garten auch Lauben, eine Veranda, ein Musikpavillon oder ein Gartensalon, die ab 1888 – zum Staunen aller, Einheimischer wie Fremder – sogar mit elektrischer Beleuchtung aufwarteten!
Salzburg war berühmt für seine „bierselige" Atmosphäre und lockte damit in großen Zeitungen und Reiseführern. Denn Reisende waren mittlerweile zu einer wichtigen Zielgruppe der Braugaststätten geworden. Reiseführer empfahlen besonders schöne Gastgärten, sehenswerte altdeutsche Bierstuben, aber auch günstiges Essen und süffiges Bier.

Bier als Luxus im Krieg

Der Erste und der Zweite Weltkrieg brachten erhebliche Einschränkungen für das Hinterland und die Zivilbevölkerung mit sich. Nahrungsmittel und kriegswichtige Rohstoffe wurden rationiert, Import und Handel kamen zum Erliegen. 1915 wurde die staatliche Kriegs-Getreide-Verkehrsanstalt gegründet, die von nun an alle Getreidean- und -verkäufe regelte. Auch die Gerste für die Brauereien fiel unter dieses Monopol. Der Brauindustriellenverein und der Verein der Malzfabrikanten verteilten die immer kleineren zugewiesenen Mengen an die einzelnen Mälzereien und Brauereien. Getreide wurde dringend für andere Zwecke benötigt. Gegen Kriegsende konnte Bier überhaupt nur mehr aus Ersatzstoffen wie Zucker hergestellt werden, doch auch die Zuckervorräte wurden bald beschlagnahmt. Neben dem allgemeinen Rohstoffmangel hatten die Brauereien mit einer Knappheit an Bedarfsartikeln wie Kohle und anderem Heizmaterial, starker Teuerung, unkalkulierbaren Preisschwankungen, allgemeinem Kaufkraftverlust und einem Defizit an geschulten Arbeitskräften zu kämpfen – die meisten waren im Feld oder bereits tot. Viele Brauereien überlebten den Krieg aus verschiedensten Gründen nicht.

Die Goldenen Zwanziger und ihre Schatten

Die 1920er-Jahre waren auch für die Salzburger Betriebe eine gute Zeit voller Optimismus und Investitionsfreude. Die Inflation, die auf den verheerenden Krieg folgte, war überstanden, und man setzte große Hoffnungen auf die neue Schillingwährung.

Die große Ernüchterung folgte jedoch bereits am Ende des Jahrzehnts: Die verheerende Weltwirtschaftskrise brachte Massenarbeitslosigkeit, weitgehende Verarmung und politische Radikalisierung in die Stadt. Der Rechtsruck ebnete in Österreich dem autoritären Ständestaat und in Deutschland dem Nationalsozialismus den Weg an die Macht. Um das österreichische Regime zu stürzen, verhängte das Deutsche Reich für seine Bürger*innen ab Juni 1933 die sogenannte Tausend-Mark-Sperre. Dieser Tausender, der seither für eine Einreise nach Österreich zu bezahlen war, führte dazu, dass Salzburg und auch andere Städte und Regionen die gern gesehenen deutschen Mittelstandsgäste verloren, die bis dahin hierher geströmt waren. Vor allem kleinere Beherbergungsbetriebe, Biergärten und Gaststätten mussten auf einen Schlag auf einen Großteil ihrer Kundschaft verzichten. Der „Anschluss" wurde daher von vielen als Erlösung von diesen Sanktionen

Kundmachung

betreffend die Uebernahme der Kriegsküche durch die Stadtgemeinde.

Mit **1. April 1917** wird im Sinne des Kriegsküchen-Erlasses die Kriegsküche in der Sternbrauerei (Getreidegasse) in den Betrieb der Stadtgemeinde übernommen. Eine durchgreifende Neuorganisation des Betriebes wird in der nächsten Zeit vorgenommen werden. Vorderhand werden ab **Sonntag, den 1. April** folgende Anordnungen getroffen:

1. Infolge Mangels an Lebensmitteln und wegen Ueberbürdung des Personales **entfällt** die **Abgabe der Abendmahlzeit.**

2. Bis zur Neuregelung des Preises für den Mittagstisch wird nur eine **einheitliche Mittagskost** zum Einheitspreise von 60 Heller verabreicht.

3. Um eine rationelle Ausnützung der Vorräte zu ermöglichen, wird eine Mahlzeit nur denjenigen Personen verabreicht, welche sich **bis spätestens 2 Uhr nachmittags des Vortages in der Kriegsküche (Sternbräu) gemeldet** und den hiefür entfallenden **Betrag eingezahlt** haben. • Die Kassastunden werden von 9 Uhr vormittags bis 2 Uhr nachmittags festgesetzt. Für die Mittagsmahlzeit am Montag, den 2. April 1917, hat somit die Anmeldung und Einzahlung bereits Sonntag, den 1. April, bis 2 Uhr nachmittags zu erfolgen.

Stadtgemeinde-Vorstehung Salzburg

am 31. März 1917.

Der Bürgermeister: **Ott.**

Auch die Kriegsküche, die ab 1916 im Sternbräu eingerichtet war, hatte mit Lebensmittelmangel zu kämpfen.

Krug aus dem Sternbräu aus der ersten Hälfte des 20. Jahrhunderts.

Werbeplakat vom März 1898 zum Anstich des nur saisonal erhältlichen Salvator-Biers.

erwartet. Tatsächlich brachte die brummende Kriegswirtschaft auch für Österreich und Salzburg eine stark sinkende Arbeitslosigkeit und wachsende Konsumfreude, vor allem aber wieder zahlreiche deutsche Übernachtungsgäste. Dieser trügerische Aufschwung endete jedoch bald im Bombenhagel.

Der *Sound of Music* weht durch die Stadt

Der touristische Erfolg Salzburgs in der Nachkriegszeit ist entscheidend mit dem Schicksal der bekannten Familie Trapp verbunden, die vor der nationalsozialistischen Machtergreifung nach Amerika flüchtete und dort jahrzehntelang singend und musizierend als „Trapp Family Singers“ durchs Land tourte. Basierend auf den 1952 erschienenen Erinnerungen von (Stief-)Mutter Maria schrieben Richard Rodgers und Oscar Hammerstein ein erfolgreiches Musical mit dem Titel *The Sound of Music.* Robert Wise machte daraus 1965 einen gleichnamigen Film. Während er in Österreich und Deutschland unter dem Titel *Meine Lieder – meine Träume* vollkommen floppte, zählt er in den USA mit *Star Wars* und *Vom Winde verweht* zu den erfolgreichsten drei Hollywoodfilmen. Seit den späten 1960er-Jahren ist die Besichtigung der historischen Drehorte sowie mittlerweile auch der Besuch eines *Sound of Music*-Musicals, einer Adaption für das Marionettentheater sowie einer entsprechenden Rundfahrt für viele der Hauptgrund, nach Salzburg zu kommen. Zahlreiche Beherbergungsbetriebe und Gaststätten bieten bis heute ein Sonderprogramm für diese Gäste an: Auch im Sternbräu fand über viele Jahre hinweg die von Franz Langer entwickelte *Sound of Salzburg Dinner Show* statt.

Das Sternbier – früher und heute

Wie wohl das erste und ursprüngliche Sternbier im 16. Jahrhundert geschmeckt haben mag? Sicher anders als heutzutage und sicher nicht immer gleich. Das Reinheitsgebot galt in der Stadt Salzburg nicht und so war der Spielraum bei Hopfen, Malz und weiteren Zusätzen weitaus größer als anderswo.

Dass Bier bis weit in das 19. Jahrhundert hinein im Frühling anders aussah und schmeckte als im Herbst, war ebenso selbstverständlich wie der Unterschied zwischen dem Sternbier und dem anderer Brauereien in der Stadt. Standardisierte Brauverfahren gab es lange nicht, das Biermachen war Handwerk und Kunst gleichermaßen. Man passte

sich den unterschiedlichen Gegebenheiten an und braute besondere Biere für kulturelle und religiöse Anlässe. Zudem übernahm man mit der Zeit Bierstile aus anderen Regionen, etwa aus Tschechien oder Bayern. So entstanden über die Zeit unterschiedliche Biersorten, die heute aufgrund verbesserter Lagerbedingungen und der Abfüllung in Flaschen auch ganzjährig verfügbar sind.
Um 1900 hingegen wurden eigene Plakate gedruckt, um den Ausschank eines neuen Saisonbieres zu bewerben. Der Anstich des sogenannten Salvatorbieres wurde z. B. mit Blasmusik, Gabelfrühstück und Brauchtum gefeiert. Dieses Bockbier benannte man kurz darauf in Josefibier um, weil es immer und nur um den 19. März herum ausgegeben wurde. Doch auch das Sternbräu hatte in dieser Zeit zwei Biere im Angebot, die ganzjährig ausgeschenkt wurden, wie in der Salzburger Chronik vom 1. März 1909 zu lesen ist: ein helles und ein dunkles, gebraut nach Pilsener bzw. nach bayerischer Art.

1956 endete die mehr als 400 Jahre währende Braugeschichte im Zeichen des Sterns. Die Brau AG schenkte von nun an Bier vom Hofbräu Kaltenhausen aus, das über eine große, hochmoderne und effiziente Anlage verfügte. Ein eigenes Sternbier gab es jahrzehntelang nicht mehr.

2014 schließlich wurde in Kaltenhausen ein neues Sternbier kreiert. Es wird bis heute exklusiv von der Spezialitäten-Manufaktur Hofbräu Kaltenhausen gebraut. Naturtrüb und honigfarben in der Art eines Zwickels erfrischt es seither feingehopft und mit einem angenehm rezenten, süffigen und vollmundigen Geschmack in den eigenen Sternbiergläsern die Gäste: ein perfektes Bier für alle Gelegenheiten – ein echter Alleskönner! Zu diversen Aufstrichen, würzigen Salaten, zu feinen Braten oder Eintopfgerichten passt es ebenso wie zu halbfestem Schnittkäse und mild-würzigem Weichkäse. In der SternLounge überrascht es als Aperitif in Begleitung von Campari und Zitrone. Sekundiert wird das Sternbier auf der Karte von einer Reihe weiterer Bierspezialitäten vom Fass aus dem Hause Brau Union: Gösser Braufrisch, Gösser Naturradler, Kaltenhauser Bernstein sowie Edelweiss Hofbräu. Die Original Weisse aus Schallmoos gibt's in der Bügelflasche. Edelweiss dunkel sowie Gösser naturgold und Edelweiss alkoholfrei runden das umfangreiche Bierangebot ab.

DAS STERNBIER

Vol%-Alkoholgehalt: 5,0%
Stammwürze: 12,2°
IBU-Wert: 22 IBU
Malz: dunkles Gersten-, Weizen- und Roggenmalz
Hopfen: Leutschacher Celeja
Menge: ca. 900 hl pro Jahr, im Fass und in der Flasche mit eigenem Etikett
Aromaprofil: Das Bier ist hopfengestopft, wodurch eine leichte Zitrusnote entsteht. Dadurch wird das Bier angenehm spritzig und erfrischend.

HAUPTSPEISEN

Michael

KRAUTFLECKERL

4 Personen ✶☆☆

1 Kopf Weißkraut, geviertelt
3 Schalotten, geschält, fein gehackt
6 EL Maiskeimöl
Zucker
Salz, Pfeffer
Kümmel, gemahlen
480 g Fleckerlnudeln
1 EL Petersilie, geschnitten

Die äußeren Blätter des Krautkopfes entfernen. Krautkopf in Viertel schneiden, Strunk entfernen und die Blätter in Fleckerl (also in kleine Quadrate) schneiden. Schalotten schälen und fein hacken.

In einem Topf Öl erhitzen, zwei bis drei Esslöffel Zucker dazugeben und die Schalotten darin anschwitzen. Kraut einlegen und anrösten. Mit Salz, Pfeffer und Kümmel würzen und zugedeckt bei schwacher Hitze weich dünsten. Die Fleckerl in Salzwasser bissfest kochen, abseihen, abtropfen lassen und mit dem Kraut vermischen. Mit Salz und Pfeffer abschmecken. Ganz zum Schluss die Petersilie dazugeben.

BLUNZ'N-KNÖDEL MIT INGWERKRAUT UND BRAUNEN BRÖSEL

4 Personen ✶✶✶

Ingwerkraut
2 EL Butterschmalz
2 Zwiebeln, in Würfel geschnitten
1 EL Rohrzucker
2 Knoblauchzehen, fein geschnitten
1 TL Koriander, gemahlen
½ TL Ingwer, fein geschnitten
1 Lorbeerblatt
Salz, Pfeffer
⅛ l Weißwein
500 ml Rindsuppe
600 g Sauerkraut

500 g Blutwurst,
in kleine Würfel geschnitten
Butterschmalz

Kartoffelteig
600 g mehlige Kartoffeln, gekocht
25 g Grieß
2 Eidotter
140 g Mehl, griffig
Salz, Pfeffer

Braune Brösel
120 g Semmelbrösel
120 g Butter
Salz, Pfeffer, Muskat

Schnittlauch, frisch geschnitten,
zum Garnieren

Für das Ingwerkraut die Zwiebelwürfel in Butterschmalz anschwitzen und den Rohrzucker einrühren. Nach einigen Minuten alle Gewürze dazugeben und mit Wein und Rindsuppe aufgießen. Sauerkraut untermischen und ca. 45 Minuten leicht köcheln lassen.

Die Blutwurstwürfel in Butterschmalz zergehen lassen. Auskühlen lassen. Anschließend aus der Masse kleine Knödel formen und für 25 Minuten ins Tiefkühlfach geben.

In der Zwischenzeit die noch warmen Kartoffeln passieren und mit Grieß, Dotter, Mehl sowie etwas Salz und Pfeffer rasch zu einem homogenen Teig verarbeiten. Zu einer Rolle formen und ebenfalls etwas auskühlen lassen.

Die Blutwurstknödel aus dem Tiefkühlfach nehmen. Die Teigrolle in gleichmäßige Scheiben schneiden und diese auf einer bemehlten Arbeitsfläche mit einer ebenfalls bemehlten Hand flachdrücken. Jeweils einen der Blutwurstknödel darauf setzen, in den Kartoffelteig einschlagen und zu einer Kugel formen. Alle Öffnungen dabei gut verschließen. Anschließend die Knödel in kochendem Salzwasser ca. 15 Minuten ohne Deckel leicht köcheln lassen.

Die Butter bräunen und die Semmelbrösel unterrühren. Mit Salz, Pfeffer und Muskat würzen.

Die Blunz'n-Knödel auf dem Ingwerkraut anrichten und die braunen Brösel auf die Knödel geben. Mit frisch geschnittenem Schnittlauch garnieren.

GEDÄMPFTER KARFIOL AUF PAPRIKACREME MIT BUTTERBRÖSEL

4 Personen ✶☆☆

1 großer Karfiol

Paprikacreme
400 g rote Paprika, entkernt
40 g Butter
4 EL Olivenöl
etwas Zitronensaft
1 Prise Zucker
1 Prise Salz
2 TL Maisstärke,
mit kaltem Wasser angerührt

Butterbrösel
200 g Butter
150 g Brösel
Salz, Pfeffer, Muskat
1 TL Petersilie, gehackt

Die Paprika waschen, entkernen und im Rohr so lange garen, bis die Haut stark gebräunt ist und leicht abgezogen werden kann. Die abgezogenen Paprika grob hacken und fein mixen. Mit Butter, Olivenöl, etwas Zitronensaft, Salz und Zucker aufkochen, Maisstärke einrühren und noch ein paar Minuten leicht kochen lassen. Danach abermals fein mixen.

Butter in einer Pfanne zerlassen und die Brösel einrieseln lassen. Mit Salz, Pfeffer und etwas Muskat abschmecken. Die Masse sollte leicht dickflüssig sein. Zum Schluss die gehackte Petersilie dazugeben.

Den Karfiol putzen und im Ganzen in einen Dämpfer geben. Je nach Größe ca. 12 Minuten dämpfen. Anschließend den Karfiol vierteln.

Die Paprikacreme in tiefe Teller verteilen, je ein Viertel Karfiol hineinsetzen und diesen mit Butterbrösel nappieren.

WARMER SPARGELSALAT MIT MORCHELN UND GEBACKENEM KARPFEN

4 Personen ✶✶☆

Spargelsalat
500 g weißer Spargel, geschält
1 Prise Zucker
1 Spritzer Zitronensaft
500 g grüner Spargel
Weißweinessig
Maiskeimöl
Salz
Pfeffer aus der Mühle
Zucker

Rahm-Morcheln
60 g getrocknete Morcheln
2 Schalotten, fein geschnitten
30 g Butter
30 ml Weinbrand
30 ml Sherry
2 EL Obers, geschlagen

Karpfen
400 g Karpfenfilet ohne Haut
Salz, Pfeffer
100 g Mehl, griffig
2 Eier
150 g Brösel
Butterschmalz zum Ausbacken

Den weißen Spargel schälen. In Salzwasser mit einer Prise Zucker und einem Spritzer Zitronensaft bissfest kochen. Den grünen Spargel in Salzwasser bissfest kochen. Beide Spargelsorten anschließend sofort in kaltem Wasser abschrecken. Vom grünen und weißen Spargel die Köpfe abschneiden. Die Stangen in grobe Stücke schneiden und mit etwas Weißweinessig, Maiskeimöl und Spargelfond marinieren. Mit Salz, Zucker und Pfeffer würzen. Die Spargelköpfe getrennt mit der gleichen Marinade marinieren.

Die getrockneten Morcheln für ca. 20 Minuten in kaltem Wasser einlegen, danach abseihen und halbieren. Die Morcheln mit den Schalotten in Butter kurz und heiß anschwitzen. Mit Weinbrand und Sherry ablöschen und flambieren. Den Alkohol verkochen lassen und zum Schluss den geschlagenen Obers dazugeben.

Den Karpfen in fingerdicke Stücke schneiden. Mit Salz und Pfeffer würzen, anschließend leicht panieren, also nacheinander in Mehl, verquirltem Ei und Brösel wenden. In Butterschmalz goldgelb backen.

Den lauwarmen Spargelsalat auf die Teller geben und die Spargelköpfe rundherum platzieren. Die Rahm-Morcheln darauf verteilen und den gebackenen Karpfen darüberlegen.

GEFÜLLTE SCHWEINEBRUST MIT BREZENKNÖDEL UND SPECKKRAUTSALAT

6 Personen ✶✶✶

Brezenfülle
4 Brezen
200 g Butter, zerlassen
5 Eier
2 EL Petersilie, geschnitten
Salz, Pfeffer, Muskat

Schweinebrust
1 Schweinebrust (ohne Knochen und bereits untergriffen)
Salz, Pfeffer
Kümmel, gemahlen
1 Karotte, gewürfelt
½ Knollensellerie, gewürfelt
1 Stangensellerie, gewürfelt
1 Petersilienwurzel, gewürfelt
1 Stange Lauch (nur der weiße Teil), gewürfelt
1 Zwiebel, gewürfelt
2 Knoblauchzehen, zerdrückt
1 l Schweinejus oder Rindsuppe
1 Zweig Thymian
1 Zweig Rosmarin

Speckkrautsalat
1 kleiner Krautkopf, Strunk entfernt, in feine Streifen geschnitten
40 ml Weißweinessig
80 ml Maiskeimöl
Kümmel, gemahlen
Salz, Pfeffer, Zucker
100 g Bauchspeck, in Würfel geschnitten

Die Brezen in Würfel schneiden und mit der Butter, den Eiern sowie der Petersilie gut vermischen. Mit Salz, Pfeffer und Muskat abschmecken. Die Schweinebrust mit Salz, Pfeffer und Kümmel kräftig würzen. Die Brezenfülle vorsichtig in die Tasche drücken. Mit einem Kochgarn die Öffnung zunähen oder alternativ mit Holzspießen oder Zahnstochern verschließen.

Das Wurzelgemüse würfelig schneiden, mit dem zerdrückten Knoblauch in ein Bratengeschirr geben und die Brust darauf setzen. Im vorgeheizten Backrohr (170 °C, Heißluft) für insgesamt ungefähr 2 Stunden braten. Nach ca. 30 Minuten mit der Schweinejus oder Rindsuppe aufgießen. Den Thymian- und Rosmarinzweig dazugeben und weiterbraten. Nach den 2 Stunden die Schweinebrust noch für 15 Minuten im offenen Backrohr rasten lassen. Mit einem Holzspieß in die Brust stechen. Wenn keine Semmelfülle mehr am Spieß klebt, ist der Braten fertig.

Für den Salat den Strunk vom Krautkopf entfernen. Das Kraut in feine Streifen schneiden und mit Essig, Öl und Gewürzen marinieren. Die Speckwürfel knusprig braten und untermischen.

Die gefüllte Schweinebrust mit dem Bratlsaft und dem Speckkrautsalat anrichten.

SPINATKNÖDEL MIT NUSSBUTTER UND PARMESAN

4 Personen ✶☆☆

1 Zwiebel, in feine Würfel geschnitten
120 g Butter
500 ml Mich
0,5 kg Knödelbrot
3 Eier
500 g Spinat, in Streifen geschnitten
50 g Mehl, glatt
Salz, Pfeffer aus der Mühle
Muskat

90 g Butter, gebräunt
Parmesan, frisch gerieben

Zwiebel in feine Würfel schneiden und in Butter glasig andünsten. Mit der Milch aufgießen und zum Knödelbrot geben. Eier, Spinat, Mehl und Gewürze nach Belieben ebenfalls zum Knödelbrot geben und alles gut vermischen. Die Masse zu Knödeln (je 90 g) formen. In leicht kochendem Salzwasser ohne Deckel für ca. 20 Minuten ziehen lassen.

Mit Nussbutter und frisch geriebenem Parmesan anrichten.

STECKERLFISCH VOM WALLER MIT SAUBOHNENPÜREE UND CHORIZO

4 Personen ✶✶☆

Chorizosauce
120 g rote Paprika,
in kleine Würfel geschnitten
40 g Schalotten,
in kleine Würfel geschnitten
40 g Kartoffeln,
in kleine Würfel geschnitten
1 Knoblauchzehe, zerdrückt
20 ml Olivenöl
40 g Chorizo,
in kleine Würfel geschnitten
½ EL Paprikapulver, geräuchert
300 ml Geflügelfond
1 Msp. frischer roter Chili,
fein geschnitten
1 Zweig Thymian
1 Zweig Rosmarin
Salz
100 g Olivenöl

Saubohnenpüree
500 g Saubohnen
1 Schalotte, gewürfelt
1 Knoblauchzehe, zerdrückt
50 g Butter
50 g Crème fraîche
Zitronensaft, nach Belieben
Salz, Pfeffer

500 g weißes Wallerfilet,
in Würfel geschnitten
Salz, Pfeffer
Olivenöl

Gemüse und Kartoffel in kleine Würfel schneiden und mit Chorizo in Olivenöl anschwitzen. Paprikapulver zugeben, mit Geflügelfond auffüllen. Chili hinzufügen und etwa 20 Minuten kochen lassen. Thymian, Rosmarin und Salz dazugeben, alles fein mixen. Wie bei einer Mayonnaise das Olivenöl langsam eingießen und ebenfalls untermixen.

Saubohnen kurz kochen und anschließend in Eiswasser abschrecken. Bohnen und Schalotten mit Knoblauch in Butter anschwitzen. Crème fraîche dazugeben. Mit Zitronensaft, Salz und Pfeffer abschmecken. Im Mixer fein pürieren.

Die Fischfilets würfeln und auf Spieße stecken. Mit Salz und Pfeffer würzen. In Olivenöl beidseitig anbraten und im Backrohr für ca. 6 Minuten bei 150 °C glasig garen.

Die Fischspieße auf dem Saubohnenpüree anrichten und mit der Chorizosauce umgießen.

STEIRISCHES WURZELFLEISCH VOM OCHSEN MIT SCHNITTLAUCHSAUCE

4 Personen ✶✶☆

800 g Rinderfilet
Salz, Pfeffer

Wurzelgemüse
2 Karotten
¼ Sellerieknolle
2 gelbe Rüben
1 Lauchstange

Schnittlauchsauce
60 g Weißbrot, entrindet
125 ml Milch
2 Eidotter, gekocht
2 Eidotter, roh
Salz
Essig
Weißer Pfeffer
Estragonsenf
1 Prise Zucker
200 ml Pflanzenöl
2 EL Schnittlauch, fein geschnitten

Das Rinderfilet mit Salz und Pfeffer ordentlich würzen und mit Küchengarn gut binden. Mit dem Wurzelgemüse ca. 20–25 Minuten in ausreichend Wasser pochieren – nicht kochen. Aus dem Gemüse anschließend dicke Streifen schneiden und diese in Salzwasser blanchieren.

Für die Schnittlauchsauce das Weißbrot in der kalten Milch einweichen und anschließend gut ausdrücken. Die gekochten Eidotter mit dem Weißbrot fein passieren, dann die rohen Dotter sowie alle Gewürze dazugeben. Im Mixer unter ständiger Zugabe von Öl zu einer sämigen Sauce schlagen. Den Schnittlauch erst kurz vor dem Servieren unter die Masse ziehen.

Das Rinderfilet in vier gleich große Stücke schneiden und in tiefen Tellern mit dem Wurzelgemüse anrichten. Mit dem Wurzelfond umgießen und die Schnittlauchsauce dazu reichen.

KALBSBEUSCHERL MIT SEMMELKNÖDEL

6 Personen ✶✶☆

1 kg Kalbslunge und 1 Kalbsherz

1 Karotte, grob gewürfelt
½ Knollensellerie, grob gewürfelt
je 1 Zwiebel und 1 Lauch
3 Lorbeerblätter
5 Wacholderbeeren
Petersilienstängel
5 Pfefferkörner, schwarz
⅛ l Apfelessig

Sauce
250 g Butter
120 g Mehl glatt
je 1 Zwiebel, 1 Karotte und
1 Stangensellerie, fein gewürfelt
1 EL Tomatenmark
1/16 l Balsamico-Essig
⅛ l Rotwein
1 TL Sardellenpaste
1 EL Kapern
120 g Gorgonzola oder Dolce Latte
3 Lorbeerblätter
Majoran, frisch
Salz, Cayennepfeffer

Semmelknödel (für 8 Knödel)
1 Zwiebel, gehackt
150 g Butter
1 l Mich
1 kg Knödelbrot
6 Eier
100 g Mehl
100 g Petersilie, geschnitten
je 1 Prise Salz, Pfeffer und Muskat

Obers, geschlagen
Schnittlauch, gehackt

Die Kalbslunge und das Herz für mehrere Stunden in kaltes Wasser legen, damit sie sich gut vollsaugen. Bei Bedarf das Wasser wechseln, bis es klar bleibt. Anschließend alles in einem großen Topf gemeinsam mit dem grob gewürfelten Gemüse, den Gewürzen und dem Apfelessig ungefähr für eine Stunde langsam kochen.

Lunge und Herz herausnehmen und den Fond durch ein feines Sieb seihen. Etwa 2 Liter davon für die weitere Verarbeitung zur Seite stellen.

Mit der Butter und dem Mehl eine dunkle Einbrenn herstellen. Die fein geschnittene Zwiebel, die Karotte und den Stangensellerie dazugeben. Kurz mitrösten. Das Tomatenmark einrühren und sofort mit Balsamico und Rotwein ablöschen. Mit dem Kochfond vom Beuschel aufgießen. Sardellenpaste, Kapern, Gorgonzola und Gewürze dazugeben und ca. eine Stunde langsam köcheln lassen. Lorbeerblätter entfernen. Anschließend die Sauce gut durchmixen und durch ein Sieb seihen. Mit Salz und Cayennepfeffer abschmecken.

Die Zwiebel schälen und in kleine Würfel schneiden. In der Butter glasig dünsten und mit der Milch aufgießen. Einmal kurz aufkochen lassen. Diese Mischung über das Knödelbrot geben und mit den Eiern, dem Mehl und der Petersilie gut vermengen. Mit Salz, Pfeffer und Muskat abschmecken. Die Masse mit einer Klarsichtfolie abdecken und 15 Minuten bei Zimmertemperatur durchziehen lassen. Zu Knödeln formen und in leicht gesalzenem Wasser 10 Minuten leicht köcheln und 15 Minuten ohne Deckel ziehen lassen.

Die gekochte Lunge und das Herz sorgfältig von Fett und Adern befreien und in feine Streifen schneiden. Beuschel in die fertige Sauce geben, eventuell gemeinsam mit feinen, bissfest gekochten Gemüsestreifen von Karotte, Sellerie und Lauch. Zum Schluss mit etwas geschlagenem Obers und Semmelknödel anrichten und mit gehacktem Schnittlauch bestreuen.

SZEGEDINER GULASCH MIT SALBEI-GRIESSKNÖDEL

6 Personen / 8 Knödel ✶✶☆

Gulasch
1 kg ausgelöste Schweineschulter, in große Würfel geschnitten
Salz, Pfeffer
6 EL Rapsöl
500 g Zwiebeln, gewürfelt
2 EL Tomatenmark
4 EL Paprikapulver
Weißweinessig
1,5 l Rindsuppe
300 g Sauerkraut
1 Knoblauchzehe, gehackt
1 EL scharfer Senf
Thymian, Majoran, Kümmel
Schale von ½ Zitrone, gerieben

Salbeiknödel
250 ml Milch
50 g Butter
Salz, Pfeffer
Muskat
75 g Grieß
1 Ei
1 Eidotter
½ EL Salbeiblätter, gehackt

4 EL Sauerrahm

Die Schweineschulter in ca. 2,5 cm große Würfel schneiden. Mit Salz und Pfeffer würzen. In Öl scharf anbraten. Fleisch herausnehmen und abtropfen lassen. Die Zwiebelwürfel langsam bei nicht zu großer Hitze hellbraun rösten. Das Tomatenmark dazugeben und gleich darauf das Paprikapulver. Sofort mit Essig ablöschen und mit der Rindsuppe aufgießen. Paprikapulver auf keinen Fall zu lange rösten, denn zu viel Hitze macht den Paprika bitter und die Farbe unansehnlich. Das Fleisch und das Sauerkraut dazugeben. Mit Knoblauch, Senf, Thymian, Majoran, Kümmel und Zitronenschale würzen. Das Gulasch leise köcheln lassen, bis das Fleisch weich ist.

Für die Knödel die Milch mit Butter, Salz, Pfeffer und Muskat zum Kochen bringen. Den Grieß hineinrieseln lassen und unter Rühren etwa 5 Minuten kochen. Etwas abkühlen lassen. Dann Ei, Eidotter und Salbei einrühren. Die Masse zugedeckt etwa eine halbe Stunde auskühlen lassen. Mit befeuchteten Händen aus der Masse 8 Knödel formen. Diese in leicht siedendem Wasser etwa 10 Minuten ziehen lassen, bis sie an der Oberfläche schwimmen. Die Knödel herausnehmen und abtropfen lassen.

Das Szegediner Gulasch mit den Salbeigrießknödeln und Sauerrahm anrichten.

GERÄUCHERTES WALLERFILET AUF SÜSSSAUREN LINSEN

4 Personen ✶✶☆

200 g Linsen
1 Zwiebel, fein gewürfelt
1 Stange Lauch, fein gewürfelt
1 Karotte, fein gewürfelt
60 g Bauchspeck, fein gewürfelt
90 g Butter
1 EL Tomatenmark
1 l Rindsuppe
1 Knoblauchzehe, zerdrückt
200 ml Obers
Salz, Pfeffer aus der Mühle
Rotweinessig

4 Filets vom weißen Waller (à 150 g)
Salz, Pfeffer
4 EL Räuchermehl
(im Angelhandel erhältlich)

Linsen in einem Sieb unter fließendem kaltem Wasser waschen. Zwiebel schälen, Lauch und Karotte putzen und alles zusammen fein würfeln. Den Bauchspeck ebenfalls fein würfeln. Anschließend das Gemüse in Butter glasig dünsten. Linsen und Speckwürfel einrühren und mit Tomatenmark kurz anschwitzen. Rindsuppe und zerdrückten Knoblauch dazugeben und etwa 35 Minuten bei geschlossenem Deckel kochen, bis die Linsen weich sind. Obers unterrühren und die Hälfte der Linsen mit der Kochflüssigkeit gut durchmixen. Wieder zu den restlichen Linsen geben und mit Salz, Pfeffer und Essig abschmecken.

Die Wallerfilets mit Salz und Pfeffer würzen. Den Räucherofen oder einen Edelstahltopf erhitzen, das Räuchermehl einstreuen und so lange weiter erhitzen, bis es raucht. Nun ein Spritzgitter auf den Edelstahltopf legen, die Fischfilets darüberlegen und ca. 12 Minuten räuchern.

Die Linsen in einen tiefen Teller geben und das Wallerfilet darauf anrichten.

EIERSCHWAMMERLRAGOUT MIT GEBACKENEM TOPFENKNÖDEL

4 Personen ✶☆☆

Eierschwammerlragout
1 kg frische Eierschwammerl
Öl
100 g Schalotten, gewürfelt
⅛ l Weißwein
125 ml Rindsuppe oder Gemüsefond
125 ml Schlagobers
1 EL Crème fraîche
Salz, Pfeffer aus der Mühle
Petersilie, fein geschnitten

Topfenknödel
2 Eier, getrennt
240 g Topfen
50 g Crème fraîche
150 g Weißbrotbrösel
(eventuell etwas mehr, wenn der Topfen sehr feucht ist)
Salz, Pfeffer aus der Mühle
Öl

Die Eierschwammerl putzen und in heißem Öl anbraten. Die Schalotten hinzufügen und kurz mitrösten. Mit dem Weißwein ablöschen und einkochen lassen. Dann die Suppe sowie Schlagobers und Crème fraîche dazugeben. Mit Salz und Pfeffer würzen.

Die Dotter schaumig aufschlagen. Den Topfen, die Crème fraîche und die Weißbrotbrösel vorsichtig untermischen. Die Masse mit Salz und Pfeffer würzen und zum Schluss das geschlagene Eiklar unterheben. Kleine Knödel formen und panieren. In Öl ausbacken.

Die fein geschnittene Petersilie zum Eierschwammerlragout geben und mit den Topfenknödeln anrichten.

ERDÄPFELGULASCH MIT BRAUNSCHWEIGER

4 Personen ✶☆☆

2 Zwiebeln, fein geschnitten
Butterschmalz
1 TL Tomatenmark

1 EL Paprikapulver, edelsüß
60 ml Apfelessig
1,5 l Wasser
500 g Erdäpfel, klein geschnitten
1 Knoblauchzehe, fein geschnitten
Kümmel, gemahlen
Majoran, gerebelt
1 Lorbeerblatt
300 g Braunschweiger

3 EL Sauerrahm
1 Majoranzweig, frisch

Zwiebeln in Butterschmalz goldbraun anschwitzen, tomatisieren, paprizieren und mit Apfelessig ablöschen. Mit Wasser aufgießen. Erdäpfel und Gewürze zugeben und weich köcheln lassen. Vor dem Servieren die Braunschweiger in Scheiben geschnitten dazugeben und kurz ziehen lassen. Mit Sauerrahm und frischem Majoran anrichten.

„BRAUMEISTERSCHNITZERL" MIT KARTOFFEL-ENDIVIENSALAT

4 Personen ✶☆☆

Bierteig
250 g Mehl, glatt
250 ml Bier
Salz
2 Eidotter
40 g Maiskeimöl
2 Eiklar

4 Schnitzel vom Schweinskarree
(à 160 g)
4 EL Basilikumpesto
4 Scheiben würziger Bergkäse
4 Scheiben Frikandeau-Schinken
Salz, Pfeffer

1 Endivien-Salat
400 g Kartoffeln, gekocht,
in Scheiben geschnitten
Hausdressing (French Dressing)

Mehl, Bier und Salz glatt rühren und Dotter dazugeben. Mit Öl begießen und 30 Minuten rasten lassen. Vor dem Ausbacken das steif geschlagene Eiklar unterheben.

Die Schnitzel dünn klopfen und mit dem Pesto bestreichen. Zuerst mit dem Käse und dann mit dem Schinken belegen. Mit Salz und Pfeffer würzen. Durch den Bierteig ziehen und bei 170 °C in Fett schwimmend ausbacken. Auf einem Küchenpapier gut abtropfen lassen.

Endivien gut waschen und schleudern. In Stücke schneiden und mit warmen Kartoffelscheiben und Hausdressing marinieren.

Gebackenes Braumeisterschnitzel mit Endivien-Kartoffelsalat anrichten.

Dieses Rezept stammt vom langjährigen Küchenchef im Sternbräu, Küchenmeister Gerhard Ploder, der von 1982 bis zu seiner Pensionierung 2009 die oberste Instanz in der Sternbräu-Küche war.

PIZZA MIT GEBEIZTEM LACHS UND KAVIAR

4 Personen ✶☆☆

Tomatensauce
2 EL Olivenöl
2 Schalotten, gewürfelt
1 Knoblauchzehe, gehackt
250 g Tomaten, blanchiert, geschält und gewürfelt
Salz
Zucker
Pfeffer aus der Mühle

Pizza
25 g frische Hefe (ersatzweise auch Trockenhefe)
450 g Mehl (Type 405)
1 Prise Salz
250 ml lauwarmes Wasser
1 Ei
2 EL Olivenöl

200 g gebeizter Lachs
1 Bund Rucola
40 g Saiblingskaviar
150 g Crème fraîche
Olivenöl
Kräuter zum Garnieren

Für die Sauce Olivenöl in einem Topf erhitzen. Schalotten und Knoblauch hinzufügen und nach einer Minute die Tomatenwürfel einrühren. Mit Salz, Zucker und Pfeffer würzen. Etwa 5 Minuten köcheln lassen und dann beiseitestellen.

Für den Pizzateig zuerst einen Vorteig herstellen: Dazu die Hefe mit etwa 150 g Mehl, einer Prise Salz und ein wenig Wasser zu einem glatten Teig verrühren. 10 Minuten zugedeckt an einem warmen Ort ruhen lassen. Den Vorteig mit dem restlichen Mehl, Ei und Olivenöl verkneten. Während des Knetens immer wieder etwas Wasser zugeben, sodass ein glatter Teig entsteht. Diesen mit einem Tuch abdecken und eine halbe Stunde ruhen lassen. Den Teig in 4 Kugeln teilen, mit einem Nudelholz zu Fladen von etwa 10 cm Durchmesser ausrollen. Tomatensauce darauf verteilen. Pizzateig im Ofen bei 210 °C etwa 10 Minuten knusprig backen. Aus dem Ofen nehmen und mit Lachs, Rucola und Kaviar belegen. Zum Schluss etwas Crème fraîche und Olivenöl darauf verteilen. Mit Kräutern garnieren.

FLUSSKREBSGRÖSTL MIT ERBSEN UND KALBSBRIES

4 Personen ✶✶✶

Flusskrebsgröstl
1 Karotte, in Würfel geschnitten
½ Sellerieknolle, in Würfel geschnitten
2 Stangensellerie, in Würfel geschnitten
4 Schalotten, in Würfel geschnitten
4 Pfefferkörner, weiß
4 Lorbeerblätter
Kümmel, ganz
⅛ l Weißwein
1 kg frische Flusskrebse

Erbsenpüree
300 g Erbsen, tiefgekühlt
60 g Butter
Salz
Geflügelfond
2 TL Crème fraîche
Cayennepfeffer

Bratkartoffeln
8 kleine Kartoffeln
(am besten speckige)
Rapsöl
Salz, Pfeffer
Kümmel, gemahlen
Koriander aus der Mühle

Kalbsbries
200 g Kalbsbries, geputzt,
in kleine Stücke geschnitten
Salz, Pfeffer aus der Mühle
80 g Mehl, griffig
2 Eier
150 g Brösel
Butterschmalz

Wasser aufkochen und geschnittenes Gemüse, Gewürze und Weißwein dazugeben. Flusskrebse in das kochende Wasser geben und ca. 5 Minuten ziehen lassen. Die Flusskrebse herausnehmen und kalt abschrecken. Ungefähr ½ Liter vom Flusskrebsfond aufheben. Flusskrebsschwänze und -scheren auslösen.

Erbsen in der Butter anschwitzen und mit Salz würzen. Den Geflügelfond zugeben, aufkochen und mit der Crème fraîche sorgfältig mixen. Mit Salz und Cayennepfeffer abschmecken.

Kartoffeln mit der Schale in Salzwasser nicht zu weich kochen und leicht auskühlen lassen. In Scheiben schneiden und in Öl beidseitig goldbraun braten. Mit Salz, Pfeffer, etwas Kümmel und Koriander würzen.

Kalbsbries in kleine Stücke schneiden, mit Salz und Pfeffer würzen und in Mehl, Ei und Brösel panieren. In Butterschmalz goldbraun ausbacken. Erbsenpüree mittig auf die Teller verteilen. Die Flusskrebse im Flusskrebsfond erwärmen und mit den Bratkartoffelscheiben und dem gebackenen Bries anrichten.

CONFIERTE MILCHKALBSHAXE MIT SCHNITTLAUCH-GNOCCHI UND RAHMKOHLRABI

4 Personen ✱✱☆

Kalbshaxe
Maiskeimöl
1 Kalbshaxe (etwa 1,2 kg)
Salz, Pfeffer
Wacholderbeeren
1 Lorbeerblatt
1 Zweig Thymian
1 Zweig Rosmarin
8 EL Blattpetersilie
1 EL Butter
1 EL Blattpetersilie, gehackt

Schnittlauch-Gnocchi
300 g Topfen
100 g Mehl
100 g Parmesan, gerieben
2 Eidotter
Salz, Pfeffer
Muskatnuss, gemahlen
2 EL Butter
2 EL Schnittlauch, gehackt

Rahmkohlrabi
1 Zwiebel, gehackt
2 EL Butter
400 g Kohlrabi, in Würfel geschnitten
250 ml Rindsuppe
250 ml Obers
Salz, Pfeffer, Muskat
2 EL Maisstärke

Für die Kalbshaxe reichlich Öl in einem schmalen, hohen Topf auf ca. 70 °C erhitzen. Die Haxe von der dicken Haut befreien und mit Salz und Pfeffer würzen. Anschließend die Haxe in das Öl stellen, sodass sie ganz bedeckt ist. Die restlichen Gewürze dazugeben und etwa dreieinhalb Stunden bei konstanter Temperatur schmoren lassen, bis das Fleisch ganz weich ist. Vor dem Servieren abtropfen lassen, noch einmal rundherum in heißer Butter braun anbraten und mit Petersilie bestreuen.

Für die Gnocchi Topfen, Mehl, Parmesan und Eidotter zu einem Teig verkneten und mit Salz, Pfeffer und Muskat würzen. Auf einer leicht bemehlten Fläche zu Rollen von 1,5 cm Durchmesser ausrollen, diese in 2 cm lange Stücke schneiden und in kochendem Salzwasser garen, bis sie nach oben steigen. Mit einem Schaumlöffel herausnehmen und abtropfen lassen. Vor dem Servieren in heißer Butter schwenken und im Schnittlauch wenden.

Die Zwiebel in kleine Würfel schneiden und in der Butter glasig anschwitzen. Die Kohlrabiwürfel dazugeben und mit der Rindsuppe und dem Obers aufgießen. So lange leicht köcheln lassen, bis der Kohlrabi weich ist. Mit Salz, Pfeffer und Muskat würzen. Die Maisstärke mit etwas kaltem Wasser anrühren und den Rahmkohlrabi damit etwas andicken.

Das Fleisch von der Kalbshaxe lösen und in Scheiben schneiden. Mit den Gnocchi und dem Rahmkohlrabi anrichten.

„CORDON BLEU" VON DER TAUBE MIT SELLERIE UND MISPELN

4 Personen ✶✶✶

Mispeln
500 g Mispeln, halbiert, entkernt
70 g Zucker
200 ml Weißwein
100 ml Marillenpüree oder -marmelade
½ Zimtstange
1 Sternanis
3 Pfefferkörner, weiß
100 g Maisstärke

„Cordon bleu"
4 Chicorée
Cayennepfeffer
80 g Zucker
Salz
1 l Orangensaft
200 g Shi-Take-Pilze,
in feine Würfel geschnitten
Öl
Salz, Pfeffer aus der Mühle
1 TL Petersilie, fein geschnitten
8 Taubenbrüste ohne Haut
4 Blatt Mangold, blanchiert

Selleriepüree
2 kleine Sellerieknollen, geschält,
in kleine Würfel geschnitten
1 l Obers
Salz, Pfeffer und Muskat

Die Mispeln halbieren, entkernen und beiseitestellen. Den Zucker in einem Topf karamellisieren. Den Karamell mit dem Weißwein ablöschen, das Marillenpüree und die Mispelkerne hineingeben. Die Gewürze dazugeben und auf ca. 200 ml einkochen lassen. Alles zusammen durch ein Sieb passieren. Die halbierten Mispeln in ein Glas legen, den heißen Fond auffüllen und für 30 Minuten bei ca. 120 °C einwecken. Die Mispeln etwa eine Woche im Glas lassen.

Den Chicorée im Ganzen mit Cayennepfeffer, Zucker und Salz in Orangensaft weich dünsten. Im Kühlschrank auskühlen lassen.

Die Pilze in feine Würfel schneiden und in Öl scharf anbraten. Mit Salz und Pfeffer aus der Mühle würzen und zum Schluss die Petersilie dazugeben.

4 Stück von den Taubenbrüsten leicht einschneiden. Die Pilzwürfel darauf verteilen und mit je einem Mangoldblatt bedecken. Dann mit der zweiten Taubenhälfte zudecken. Backpapier in etwa 8 cm lange und 5 cm breite Stücke schneiden. Die Blätter vom Chicorée vorsichtig lösen und gut abtropfen lassen. Nun das Backpapier mit den Chicoreéblättern überlappend belegen. Die gefüllten Taubenbrüste darauf legen und mit dem Backpapier und dem Chicorée gut und fest einrollen. Das „Cordon bleu" von der Taube für 14 Minuten bei 180 °C im Backrohr garen. Danach ca. 5 Minuten rasten lassen.

Für das Püree den Sellerie gut schälen und in kleine Würfel schneiden. Mit dem Obers ganz weich köcheln lassen. Mit Salz, Pfeffer und Muskat abschmecken. Mit einem Mixer zu einem feinen Püree verarbeiten.

Vor dem Servieren etwas Mispelfond aus dem Glas mit Speisestärke kalt anrühren. Die Mispeln klein schneiden und im restlichen Fond erwärmen, dann die Stärke einrühren. Das „Cordon bleu" auspacken, halbieren und auf der Selleriecreme mit den warmen Mispeln anrichten.

OSSOBUCO VOM HIRSCH MIT ESSIG-ZWETSCHGEN UND SPÄTZLE

4 Personen ✶✶☆

Essig-Zwetschgen
300 ml Rotwein
300 ml Rotweinessig
500 g Zucker
½ Stange Zimt
4 Pfefferkörner
1 kg Zwetschgen,
halbiert und entkernt

Ossobuco
8 Scheiben Ossobuco vom Hirsch
Salz, Pfeffer aus der Mühle
Mehl, griffig
Öl
4 Schalotten, gewürfelt
1 Karotte, gewürfelt
1 Stangensellerie, gewürfelt
1 Stange Lauch, gewürfelt
1 EL Tomatenmark
500 ml Rotwein
2 l Wildfond
3 Lorbeerblätter
5 Pfefferkörner, weiß
5 Wacholderbeeren, zerdrückt
1 Zweig Rosmarin
1 Zweig Thymian

Spätzle
400 g Mehl, glatt
5 Eier
3 Dotter
Salz
Muskat, gemahlen

Für die Essig-Zwetschgen Rotwein, Essig, Zucker und Gewürze aufkochen. 3 Minuten kochen lassen. Die halbierten und entkernten Zwetschgen dazugeben und 5 Minuten ziehen lassen. Die Flüssigkeit darf nicht mehr kochen. In Einweckgläser füllen und 3 Tage kühl lagern.

Die Beinscheiben mit Salz und Pfeffer würzen. Beidseitig in Mehl wenden und in Öl goldbraun anbraten. Scheiben herausnehmen und beiseitestellen. Die Schalotten und die Gemüsewürfel gut anrösten, anschließend das Tomatenmark dazugeben. Mit Rotwein ablöschen und ganz einkochen lassen. Mit dem Wildfond auffüllen und die Gewürze und Kräuter dazugeben. Die Beinscheiben ebenfalls beifügen und ca. eineinhalb Stunden langsam weichschmoren. Dann die Ossobuco-Scheiben herausnehmen. Die Sauce durch ein feines Sieb seihen und anschließend auf ca. einen halben Liter einkochen lassen.

Für die Spätzle das Mehl in eine Schüssel geben und in die Mitte eine Mulde drücken. Die Eier und die Eidotter mit dem Mehl gut vermengen, mit Salz und Muskat würzen. Der Teig ist optimal, wenn er zäh vom Kochlöffel fällt. Mit einem Spätzlehobel die Masse in kochendes, gesalzenes Wasser reiben. Sobald die Spätzle an die Oberfläche kommen, sind sie gar. Mit einer Schaumkelle herausnehmen und in Eiswasser abschrecken.

Die Hirschscheiben und die Essig-Zwetschgen in der Sauce erwärmen und auf Teller geben. Die Spätzle in Butter schwenken, mit Salz und Pfeffer würzen und in kleinen Schüsseln extra anrichten.

ZANDERFILET AUS DEM MILCHSUD MIT RADICCHIO TREVIGIANO

4 Personen ✶☆☆

4 Zanderfilets à 160 g
Salz, Pfeffer

Milchsud
1 l Milch
2 Sternanis
4 Wacholderbeeren
3 Lorbeerblätter
4 Champignons
Salz

Radicchio Trevigiano
40 g Zucker
120 g Butter
100 ml Balsamico-Essig
150 ml Apfelsaft
400 g Radicchio Trevigiano
Salz, Pfeffer

Die Zanderfilets mit Salz und Pfeffer würzen.

Für den Sud die Milch mit den restlichen Zutaten kurz aufkochen und dann ca. 15 Minuten ziehen lassen.

Die Zanderfilets in den Sud einlegen und ca. 10 Minuten pochieren, das heißt, der Milchsud sollte nicht mehr kochen.

Für den Radicchio Trevigiano den Zucker in einer Pfanne leicht karamellisieren lassen. Dann die Butter dazugeben und erhitzen, bis sie zu schäumen beginnt und Bläschen bildet. Mit dem Balsamico-Essig ablöschen und einkochen lassen. Anschließend den Apfelsaft aufgießen, den Radicchio dazugeben, mit Salz und Pfeffer abschmecken und knackig dünsten.

Die Fischfilets aus dem Sud nehmen und auf dem Radicchio Trevigiano anrichten.

TAUERN-MILCHLAMMKEULE MIT STERZAUFLAUF

4 Personen ✶✶☆

1 Milchlammkeule
Salz, Pfeffer
1 Karotte, in Würfel geschnitten
½ Sellerie, in Würfel geschnitten
1 Stange Lauch, in Würfel geschnitten
5 Schalotten, in Würfel geschnitten
1 Knoblauchzehe, zerdrückt
1 l Kalbsfond
1 Zweig Rosmarin
1 Zweig Thymian
1 Lorbeerblatt

Sterzauflauf
Butter
125 ml Wasser
250 ml Milch
Salz, Pfeffer, Muskat
200 g Polenta, fein
125 ml Obers
2 Eier

Die Lammkeule mit Salz und Pfeffer würzen. In einem Bräter beidseitig goldbraun anbraten. Bei 170 °C ins Backrohr geben. Nach ca. 15 Minuten das in Würfel geschnittene Gemüse dazugeben und kurz mitbraten lassen. Mit dem Kalbsfond aufgießen. Rosmarin, Thymian und Lorbeer dazugeben. Das Lamm immer wieder mit dem Bratensaft übergießen. Nach 30 Minuten das Backrohr ausschalten und die Keule im offenen Rohr noch 10 Minuten ruhen lassen.

Für den Sterz eine Auflaufform gut ausbuttern. Wasser mit Milch, Salz, Pfeffer und Muskat aufkochen. Die Polenta einrieseln lassen und bei geringer Hitze ein paar Minuten unter ständigem Rühren köcheln lassen. Den Topf mit der Polenta mit einem Deckel oder Teller abdecken und bei ganz kleiner Flamme ca. 25 Minuten „trocknen“ lassen. Das Obers mit den Eiern gut verquirlen. Mit Salz, Pfeffer und Muskat würzen. Die kalte Polenta in die Auflaufform bröseln. Die Obers-Ei-Mischung darüber gießen und im Backrohr bei 170 °C ca. 25 Minuten backen.

Die Lammkeule in Scheiben schneiden und mit dem Schmorgemüse und der Polenta anrichten.

STERNBRÄU

STERNBRÄU
Stern Bier
STERNLOUNGE

DAS STERNBRÄU – VIELFÄLTIG NACH INNEN UND AUSSEN

Mit rund 780 Sitzplätzen, 670 Gartenplätzen und über 130 Mitarbeiter*innen aus knapp 30 Nationen ist das Sternbräu unter der Führung von Mag. Harald Kratzer und Eva Kratzer-Burgstaller, MA heute einer der größten und bekanntesten Gastronomiebetriebe Österreichs. Diese Größe bietet viel Raum für eine Vielfalt auf unterschiedlichen Ebenen, die im Haus seit 2014 gepflegt und zelebriert wird, sodass „der Stern" in unterschiedlichsten Facetten leuchten kann.

Gastronomische Vielfalt
Ob gemütliches Frühstück oder Business Lunch, schneller Aperitif oder gemütliche bierselige Runde, zünftiger Imbiss im Garten oder feines Abendessen nach einem Theaterbesuch: Die gastronomische Vielfalt im Sternbräu hält für alle individuellen Wünsche der Gäste das Passende bereit und vereint das Beste von früher mit den Ideen von morgen.

Architektonische Vielfalt
Ebenso vielfältig wie die Kulinarik ist das Ambiente: Traditionsreiche und zum Teil denkmalgeschützte Räume beherbergen altehrwürdige Speisesäle mit dunkler Täfelung ebenso wie eine modern eingerichtete

großzügige Lounge und eine lichte Galerie. Die großen Gärten mit den schattigen Kastanienbäumen vermitteln Gemütlichkeit inmitten des städtischen Trubels. Wer es gerne intimer und ruhiger möchte, kann sich auch in eine der individuell gestalteten Stuben zurückziehen.

Regionale Vielfalt

Soweit es für einen großen Betrieb möglich ist, arbeitet das Sternbräu mit regionalen Erzeuger*innen zusammen. So vielfältig wie sich das Salzburger Land und der Rupertiwinkel landschaftlich präsentieren, so unterschiedlich sind auch die Produkte, die in Handarbeit und nach alter Tradition erzeugt werden. Nur über das Engagement regionaler Lieferant*innen und die Verarbeitung ihrer fair produzierten und gehandelten Produkte kann die landwirtschaftliche und gewerbliche Tradition erhalten werden.

Menschliche Vielfalt

Auch wenn das Sternbräu für Salzburger Tradition eintritt, sind die Menschen hinter Herd und Tresen mindestens genauso vielfältig wie die Gäste, die tagtäglich aus aller Welt deswegen hier einkehren.

NACHSPEISEN

GEBRANNTE CREME MIT WALDERDBEEREN

4 Personen ✶☆☆

350 ml Obers
150 ml Milch
70 g Zucker
2 Eier
2 Eidotter
40 g brauner Zucker
Zitronenschale, abgerieben
1 Vanilleschote, ausgekratzt
Salz

Walderdbeeren
Minze, frisch

Rohrzucker zum Karamellisieren
Staubzucker

Alle Zutaten bis auf Minze und Walderdbeeren mischen und eine Stunde stehen lassen. Anschließend die Creme etwa 1 cm hoch in die Formen füllen und im Ofen bei 95 °C etwa 50 Minuten garen, bis die Masse zu stocken beginnt. Dann ist der Garpunkt erreicht. Nach dem Auskühlen im Kühlschrank aufbewahren. Vor dem Servieren mit Rohrzucker bestreuen und im Backofen mit Grillfunktion oder mit dem Gasbrenner karamellisieren. Mit frischen Walderdbeeren, Minze und etwas Staubzucker garniert servieren.

SALZBURGER NOCKERL

4 Personen ✶☆☆

5 Eiklar
1 Prise Salz
3 EL Zucker
3 Eidotter
3 EL Mehl
Butter für die Form

3 EL Preiselbeermarmelade
Staubzucker zum Bestreuen

Eiklar mit einer Prise Salz steif schlagen. Zucker nach und nach einrieseln lassen und zu cremigem, aber nicht zu festem Schnee schlagen. Die Dotter kurz durchmixen und dann gemeinsam mit dem gesiebten Mehl vorsichtig unterheben. Die Masse in einer gebutterten und nach Belieben mit Preiselbeermarmelade ausgelegten Auflaufform portionsweise zu Nockerl formen. Im vorgeheizten Rohr bei 200 °C etwa 12 Minuten backen. In dieser Zeit das Backrohr nicht öffnen!

Herausnehmen, mit Staubzucker bestreuen und ofenfrisch servieren.

APFEL-MILCHREIS-AUFLAUF MIT KLARÄPFELN

4 Personen ✶✶☆

80 g Milchreis
30 g Butter
500 ml Milch
8 Klaräpfel, geschält, entkernt
Butter für die Form
1 Zitrone, Saft
2 Eidotter
2 Eiklar
60 g Zucker
Staubzucker zum Bestreuen

Den Milchreis mit der Butter in der Milch unter geringer Hitze langsam weich kochen. Danach kalt stellen. Äpfel schälen und entkernen. In Wasser mit Zitronensaft einlegen. Die Eier trennen und die Dotter mit der Hälfte des Zuckers fest schaumig aufschlagen. Eidotter-Zucker-Masse unter den erkalteten Milchreis mischen. Eiklar mit dem restlichen Zucker zu Eischnee schlagen und vorsichtig unter die Masse heben. Die Äpfel in schmale Spalten schneiden und in eine gebutterte Auflaufform (26 x 17 cm) schichten. Die Milchreismasse darauf verteilen.

Im vorgeheizten Backrohr bei 170 °C ca. 40 Minuten goldbraun backen. Mit Staubzucker bestreuen und servieren.

ZWETSCHGEN-BLECHKUCHEN

für ein Blech von 25 x 30 cm ✶✶☆

Teig
250 g Mehl, glatt
250 g Dinkelmehl
42 g Hefe
75 g Kristallzucker
250 ml Milch
50 g Butter
10 g Salz

Fülle
6 Scheiben Zwieback
1 kg Zwetschgen, halbiert, entkernt
350 ml Obers
150 g Kristallzucker
5 Eier
Zimt, gemahlen
Vanillezucker zum Bestreuen
Staubzucker

Für den Teig alle Zutaten verkneten und anschließend zugedeckt ca. eine halbe Stunde rasten lassen. Den Teig ausrollen und die Form bzw. das Blech damit auslegen. Dabei einen kleinen Rand hochziehen. Zwieback gründlich zerbröseln und auf den ausgerollten Teig streuen. Zwetschgen halbieren, entkernen und eng nebeneinander auf den Teig legen.

Obers mit Kristallzucker und Eiern mit einem Stabmixer aufschlagen. Masse auf die Zwetschgen gießen. Alles mit Zimt und Vanillezucker bestreuen. Den Kuchen in den vorgeheizten Backofen schieben und bei 200 °C ca. 45 Minuten backen. Mit Staubzucker bestreut servieren.

SCHNEENOCKERL IM VANILLEFONDUE

4 Personen ✶✶✩

Vanillefondue
90 g Zucker
2 Eier
4 Eidotter
250 ml Milch
250 ml Obers
1 Vanilleschote, Mark
und ausgekratzte Schote

Schneenockerl
1 l Milch
4 cl Rum
250 ml Eiklar
170 g Kristallzucker

Beeren zum Garnieren

Für das Vanillefondue den Zucker mit den Eiern und Eidottern verrühren. Die Milch mit dem Obers und der Vanilleschote aufkochen und anschließend abkühlen lassen. Diese Milch-Obers-Mischung unter die verrührten Eier mischen und über einem Wasserbad zur Rose abziehen, also unter ständigem Rühren so lange erhitzen, bis die Masse merklich dicker wird. Sie darf dabei aber nicht kochen.

Die Milch mit der ausgekratzten Vanilleschote und dem Rum aufkochen. Eiklar mit Kristallzucker nicht zu steif aufschlagen. Mit Hilfe von zwei Esslöffeln aus dem Schnee Nockerl formen und in die heiße Milch einlegen. Der Milchsud darf dabei nicht kochen. Sobald sich das Volumen vergrößert, die Nockerl vorsichtig wenden und nochmals ca. 3 Minuten ziehen lassen.

Die Schneenockerl auf das warme Vanillefondue setzen und mit Beeren ausgarnieren.

KALTE TOPFENKNÖDEL MIT KARDAMOM-ERDBEEREN

4 Personen ✱✱☆

500 g Topfen, abgehangen
200 g Sauerrahm
200 g Staubzucker
1 Orange, Zesten
1 Zitrone, Zesten
9 Blatt Gelatine
40 ml Cointreau
800 ml Obers, geschlagen
1 Zweig Minze

250 g Erdbeeren,
in kleine Stücke geschnitten
4 Kardamomkapseln, zerdrückt
Staubzucker

Topfen mit Sauerrahm, Staubzucker und Zesten von Orange und Zitrone gut verrühren. Blattgelatine in kaltem Wasser 5 bis 10 Minuten quellen lassen, dann im Cointreau erwärmen, bis sie sich aufgelöst hat. Hierauf die Gelatine zügig in die Topfenmasse einrühren. Das Obers nicht zu steif schlagen und vorsichtig unterheben. 4 Stunden kalt stellen.

Die Erdbeeren in kleine Stücke schneiden und mit Kardamom und Stabzucker vermischen.

Topfenmasse zu Knödeln formen und mit den Erdbeeren und Minze anrichten. Mit Staubzucker bestreuen.

EIERLIKÖRPARFAIT MIT KIRSCHRAGOUT

4 Personen ✶✶☆

Parfait
1 Ei
1 Dotter
50 g Zucker
160 g weiße Kuvertüre
280 ml Eierlikör
400 ml Obers, geschlagen

Kirschragout
75 g Kristallzucker
20 ml Kirschwasser
25 ml Rotwein
100 ml Portwein, rot
150 ml Crème de Cassis
1 Vanilleschote
½ Zimtstange
1 Orange, Saft
1 Zitrone, Saft
10 ml Amaretto
10 g Vanillepuddingpulver
300 g Kirschen

1 Zweig Minze

Für das Parfait das Ei und den Eidotter mit dem Zucker über Wasserdampf warm schlagen. Dann herunternehmen und kalt schlagen, bis die Masse richtig fest und kompakt ist. Die zerlassene Kuvertüre und den Eierlikör rasch einrühren. Das geschlagene Obers langsam unterheben. In eine mit Klarsichtfolie ausgelegte Terrinenform füllen und mindestens 6 Stunden tiefkühlen.

Für das Kirschragout den Kristallzucker karamellisieren und mit Kirschwasser, Rotwein, Portwein und Crème de Cassis ablöschen. Dann Vanilleschote, Zimtstange, Orangensaft, Zitronensaft und den Amaretto dazugeben und auf die Hälfte einkochen lassen. Mit dem Vanillepuddingpulver etwas binden. Die Kirschen in die Sauce geben und 2 Minuten köcheln lassen.

Das Parfait in Scheiben schneiden und mit dem Kirschragout und Minze anrichten.

STERNBRÄU WAFFELN MIT MANDELEIS

4 Personen ✶☆☆

Mandeleis
250 ml Milch
250 ml Obers
50 g Marzipan
1 Prise Salz
200 g Zucker
6 Eidotter
4 EL Amaretto
30 g Mandeln,
gehackt und geröstet

Waffeln
90 g Butter
90 g Kristallzucker
40 g Vanillezucker
2 Eier
70 g Topfen
1 Prise Salz
25 g Mehl, glatt
1 TL Backpulver
3 EL Wasser
150 g Äpfel, grob gerieben

Für das Eis Milch, Obers, Marzipan und eine Prise Salz mit der Hälfte des Zuckers aufkochen und etwas abkühlen lassen. Die Eidotter mit der anderen Hälfte des Zuckers schaumig rühren. Das Milch-Obers-Gemisch zur schaumigen Eidottermasse gießen und unter ständigem Rühren so lange erhitzen, bis sie leicht angedickt auf dem Kochlöffel liegen bleibt. Durch ein feines Sieb gießen, Amaretto und gehackte, geröstete Mandeln dazugeben und möglichst schnell kalt rühren. Die Masse in der Eismaschine gefrieren lassen.

Für die Waffeln die Butter mit Kristall- und Vanillezucker schaumig rühren und die Eier nach und nach dazugeben. Den Topfen und eine Prise Salz unterheben. Das Mehl sieben, mit dem Backpulver vermischen und unter den Teig rühren. Dabei das Wasser in den Teig einarbeiten. Zum Schluss die grob geriebenen Äpfel dazugeben und alles vermischen. Im Waffeleisen goldbraun backen.

PARMESANSCHMARRN MIT MANGO-PAPAYA-CHUTNEY

4 Personen ✶✧✧

Mango-Papaya-Chutney
250 g Mango, gewürfelt
250 g Papaya, gewürfelt
50 g Ananas, gewürfelt
25 g Kristallzucker
50 g Mangosaft
1 TL Champagneressig
etwas Ingwer, gemahlen
Salz

Parmesanschmarrn
240 g Parmesan, gerieben
4 EL Topfen
40 ml Obers
200 ml Milch
120 g Mehl, glatt
40 g Grieß
40 g Butter, flüssig
4 Eidotter
4 Eiklar

Butterschmalz zum Ausbacken

Für das Chutney die Früchte mit Zucker, Mangosaft und Champagneressig über Nacht marinieren. Alles bei geringer Hitze bis zu einer marmeladigen Konsistenz verkochen. Vorsicht – brennt sehr leicht an! Mit Salz und Ingwer abschmecken.

Für den Parmesanschmarrn alle Zutaten glatt rühren und den Eischnee vorsichtig unterheben. Im Butterschmalz beidseitig ausbacken. Schmarrn „in Stücke reißen" und mit dem Chutney servieren.

GEWÜRZ-MANDARINEN MIT WEISSEM KAFFEE-EIS

6 Personen ✶☆☆

Gewürz-Mandarinen
600 ml Wasser
200 g brauner Zucker
6 Kardamomkapseln, zerdrückt
8 Nelken
5 Sternanis
1 Zimtstange
1 Vanilleschote
3 Orangen, Zesten
1 Zitrone, Zesten
200 g Honig
170 ml Mandarinenlikör
10 kernlose Mandarinen

Weißes Kaffee-Eis
500 ml Milch
500 ml Obers
200 g Kaffeebohnen
6 Eidotter
180 g Zucker
1 Prise Salz

Das Wasser mit dem Zucker, den Gewürzen und den Orangen- und Zitronenzesten aufkochen und leicht abkühlen lassen. Dann den Honig und den Mandarinenlikör dazugeben. Wenn die Marinade abgekühlt ist, die sauber geschälten Mandarinen hineingeben und abgedeckt im Kühlschrank 2 Tage ziehen lassen.

Für das Kaffee-Eis Milch und Obers mischen, die Kaffeebohnen dazugeben und über Nacht ziehen lassen. Anschließend abseihen, die Kaffeebohnen wegwerfen und die Milch-Rahm-Mischung aufkochen. Die Eidotter mit dem Zucker und dem Salz verrühren, die heiße Milch-Mischung dazugießen und unter ständigem Rühren im Wasserbad so lange erhitzen, bis die Masse leicht angedickt auf dem Kochlöffel liegen bleibt. Anschließend in einem Eiswasserbad möglichst schnell kalt rühren. Die Masse in der Eismaschine cremig gefrieren.

Tipp: Es ist sehr wichtig, die Kaffeebohnen vor dem Erwärmen zu entfernen, da sich sonst die Farbe aus den Bohnen herauslöst.

ARME RITTER MIT QUITTENKOCH

4 Personen ✶☆☆

Quittenkoch
Wasser
3 Zitronen, Saft
3 Quitten, geschält, entkernt, in Würfel geschnitten
100 g Zucker
1 Orange, Saft
½ l trockener Weißwein
1 Vanilleschote, Mark
½ Stange Zimt
Vanillepuddingpulver

Arme Ritter
1 Laib süßer Brioche-Toast (in der Bäckerei vorbestellen)
2 Eier
500 ml Milch
Zucker
1 Prise Salz
50 g Butter
Zimt

Für das Quittenkoch kaltes Wasser mit dem Saft von 2 Zitronen mischen. Die Quitten schälen (alle Abschnitte aufbewahren), entkernen, in Würfel schneiden und sofort in das Zitronenwasser legen, damit sie nicht braun werden. Etwas Zucker in einem Topf goldgelb karamellisieren und die Quittenschalen und Abschnitte darin kurz glasieren. Mit dem Saft der dritten Zitrone und dem Orangensaft ablöschen. Mit Weißwein aufgießen und das Vanillemark und die Zimtstange zugeben. Den Fond etwas einkochen lassen und durchpassieren.

Den restlichen Zucker in einem Topf goldgelb karamellisieren lassen, die Quitten darin kurz glasieren und mit dem Quittenfond ablöschen. Alles aufkochen und ca. 30 Minuten bei sanfter Hitze köcheln lassen. Den Fond nach Wunsch mit etwas in kaltem Wasser angerührtem Puddingpulver binden.

Für die Armen Ritter das Brot würfeln. Eier, Milch und Zucker mit einer Prise Salz gut verquirlen. Die Briochewürfel darin wenden und etwas ansaugen lassen. In einer Pfanne mit Butter von allen Seiten goldbraun braten.

Die Briochewürfel mit Zimt und Zucker bestreuen und auf dem Quittenkoch anrichten.

GRUNDREZEPTE

RINDSUPPE

4 Personen ✶☆☆

1,5 kg fleischige Suppenknochen
4 l Wasser
3 Karotten
1 Petersilienwurzel
1 Stange Lauch
2 Zwiebeln
1 Gewürznelke
1 Lorbeerblatt
1 Zweig Liebstöckel
Salz
Muskat

Die Suppenknochen kurz in kochendes Wasser legen und überbrühen, dann mit kaltem Wasser in einem Sieb gut abspülen. Anschließend die Knochen mit dem geputzten Gemüse und den Gewürzen in ausreichend kaltem Wasser aufsetzen und für ca. eineinhalb Stunden leicht köcheln lassen. Dabei regelmäßig den Schaum von der Oberfläche abschöpfen. Abschließend die Suppe durch ein feines Sieb gießen und mit Salz und Muskat abschmecken.

GEFLÜGELFOND

ergibt 2 Liter ✶☆☆

1 kg Geflügelkarkassen
200 g Zwiebeln, gewürfelt
100 g Sellerie, gewürfelt
100 g Lauch (nur der weiße Teil)
100 g Stangensellerie, gewürfelt
1 Lorbeerblatt
2 Gewürznelken
5 Pfefferkörner

Die Geflügelkarkassen gründlich wässern, also eine halbe Stunde kaltes Wasser darüberlaufen lassen. Anschließend mit kaltem Wasser knapp bedecken und langsam aufkochen lassen. Den dabei entstehenden Schaum immer wieder abschöpfen. Wenn der Fond aufkocht, das Gemüse und die Gewürze dazugeben und ca. 2 Stunden köcheln lassen. Den fertigen Fond vorsichtig durch ein Tuch seihen.

BRAUNER KALBSFOND

✶☆☆ ergibt 1 Liter

3 kg Kalbsknochen, zerkleinert
2 EL Maiskeimöl
3 Zwiebel, in Würfel geschnitten
2 Karotten, in Würfel geschnitten
½ Knollensellerie, in Würfel geschnitten
3 Knoblauchzehen
2 EL Tomatenmark
1 l Rotwein
Wasser
1 Thymianzweig
1 Rosmarinzweig
8 Pfefferkörner, schwarz
5 Lorbeerblatter
Petersilienstängel

Die Knochen in heißem Öl für etwa eineinhalb Stunden bei 170 °C im Ofen goldbraun rösten, am besten in einem Bräter. Das gewürfelte Gemüse beifügen. Das Tomatenmark einrühren und solange weiter rösten, bis das Tomatenmark eine goldbraune Farbe bekommt. Abwechselnd mit Rotwein und Wasser ablöschen und die Flüssigkeit immer wieder einkochen lassen. Nach dem letzten Mal Einkochen die Knochen in einen Topf geben und mit Wasser auffüllen, bis sie knapp bedeckt sind. Die Würzzutaten dazugeben, den Fond aufkochen und dann etwa 4 Stunden leicht köcheln lassen. Dabei immer wieder abschäumen. Den Fond durch ein feines Sieb passieren und entfetten.

FISCHFOND

✶☆☆ ergibt 1 Liter

800 g Fischgräten von Zander, Forelle, Steinbutt oder Seezunge
2 Stangen Sellerie, gewürfelt
3 Zwiebeln (ohne Schale), gewürfelt
1 Lauchstange, gewürfelt
2 EL Olivenöl
⅛ l Weißwein
60 ml Noilly Prat
2 Lorbeerblätter
4 Champignons
1 Zweig glatte Petersilie
1 Zitrone, halbiert und geschält
1 Tomate, halbiert und entkernt
1 Zweig Estragon

Die Fischkarkassen mit kaltem Wasser abspülen. Das Gemüse würfeln, in heißem Öl andünsten und die Fischgräten dazugeben. Mit Weißwein und Noilly Prat ablöschen. Mit kaltem Wasser auffüllen, bis die Karkassen vollständig bedeckt sind. Aufkochen lassen und abschäumen. Champignons, Zitrone und Tomate sowie Lorbeer, Petersilie und Estragon dazugeben und 20 Minuten ziehen lassen. Den Fond durch ein Tuch abseihen.

WILDFOND

ergibt 1 Liter ✶☆☆

3 kg Knochen vom Rehwild oder Hirsch
2 Zwiebel, gewürfelt
1 Knoblauchzehe, halbiert
1 Karotte, gewürfelt
½ Knollensellerie, gewürfelt
2 EL Tomatenmark
1 l Rotwein
1 Lorbeerblatt
6 Wacholderbeeren
6 Pfefferkörner, weiß
1 Rosmarinzweig
1 Thymianzweig
5 Lorbeerblätter

Die Knochen unter kaltem Wasser abspülen und auf einem trockenen Tuch abtropfen lassen. Backofen auf 200 °C vorheizen. Die Knochen in einem Bräter verteilen und im Backofen etwa eine Stunde bräunen. Die Gemüsewürfel dazugeben und kurz mitbraten. Das Tomatenmark beifügen, kurz anbraten und dann mit dem Rotwein ablöschen. Knochen und Gemüse in einen großen Suppentopf geben und mit kaltem Wasser knapp bedecken. Die Gewürze dazugeben. Den Fond bei geringer Hitze ca. 4 Stunden leicht köcheln lassen, dabei immer wieder abschäumen. Den Fond durch ein feines Sieb seihen und entfetten.

SCHWEINEJUS

ergibt ca. 1 Liter ✶☆☆

5 kg Schweineknochen, klein gehackt
800 g Zwiebelwürfel
400 g Knollensellerie, in Würfel geschnitten
400 g Karotten, in Würfel geschnitten
200 g Lauch, in Würfel geschnitten
2 Knoblauchzehen
3 EL Tomatenmark
1 l Rotwein
5 g Pfefferkörner, weiß
5 g Pfefferkörner, schwarz
2 Gewürznelken
2 Lorbeerblätter
1 Zweig Rosmarin

Die Knochen im Backrohr bei 170 °C ca. eineinhalb Stunden langsam rösten, dabei immer wieder durchrühren und die Knochen wenden. Sie sollten schön goldbraun sein. Dann das Gemüse hinzugeben und miträsten, bis es schön Farbe annimmt. Die Schweineknochen aus dem Ofen nehmen, das Tomatenmark einrühren und einen Schuss Rotwein dazugeben, sodass sich das Tomatenmark beim Umrühren gut verteilt. Alles weiter rösten und ständig den Bodensatz lösen. Wenn die Flüssigkeit verkocht ist, immer wieder einen Schuss Rotwein zugeben. Die gut gerösteten Knochen in einen Topf geben und mit so viel Wasser auffüllen, dass sie knapp bedeckt sind. Die Gewürze dazugeben und langsam etwa 4 Stunden kochen lassen. Die Sauce durch ein Tuch passieren und um ein Drittel einkochen lassen. Diese Sauce lässt sich auch wunderbar portionieren und einfrieren.

HIMBEERDRESSING

✶☆☆ ergibt ca. 1 Liter

Himbeermark, Himbeeressig, Weißweinessig und Dijon-Senf vermischen. Mit Öl aufmixen. Tomatensaft dazugeben und salzen.

300 g Himbeermark (Boiron)
80 g Himbeeressig (Lenz)
15 g Weißweinessig
40 g Dijon-Senf
400 ml Maiskeimöl
80 g Tomatensaft
15 g Salz

HAUSDRESSING (FRENCH DRESSING)

✶✶☆ ergibt ca. 3 l

Die auf Zimmertemperatur abgekühlte Rindsuppe mit allen Zutaten bis auf das Öl gut durchmixen. Zum Schluss das Öl langsam untermixen. In Flaschen abgefüllt und gekühlt gelagert, hält das Dressing eine Woche.

800 ml Rindsuppe
100 g Zwiebeln, gewürfelt und kurz überkocht
50 g Dijon-Senf
35 g Salz
300 ml Essig
3 Eier
10 g Knoblauch
10 g Oberskren
400 ml Obers, flüssig
2 l Maiskeimöl

LÖWENZAHNHONIG

ergibt 3 Weckgläser zu je 0,25 l ✶✶☆

220 Löwenzahnblüten
750 ml Wasser
2 kg Kristallzucker
2 Zitronen, Saft

Die Löwenzahnblüten gut durchwaschen und abseihen. Mit dem Wasser 30 Minuten kochen lassen. Die Löwenzahnblüten abseihen und gut ausdrücken. Diese Flüssigkeit mit 2 kg Kristallzucker vermischen und den Saft von zwei Zitronen dazugeben. 40 Minuten leicht köcheln lassen. Löwenzahnhonig anschließend in Gläser füllen.

STRUDELTEIG

ergibt 2 Stangen von ca. 30 cm Länge ✶✶✶

300 g Mehl, glatt
150 g lauwarmes Wasser
45 g Öl
1 Prise Salz

Alle Zutaten zu einem glatten Teig kneten. Zu einer Kugel formen, diese dann mit etwas Öl bestreichen, mit Folie abdecken und bei Zimmertemperatur eine Stunde ruhen lassen. Die Arbeitsfläche mit einem Tuch auslegen, mit Mehl bestäuben und den Teig mit einem Nudelholz dünn ausrollen. Nun mit den Händen unter den Teig gehen und von innen nach außen ziehen. Der Teig sollte so dünn sein, dass er fast durchsichtig ist.

GETROCKNETE TOMATEN

✶✲✲ **ergibt ein Weckglas mit 0,25 l**

5 reife Tomaten
5 Thymianzweige
2 Rosmarinzweige
2 Knoblauchzehen, grob gewürfelt
6 Basilikumblätter
100 ml Olivenöl
Salz, Pfeffer aus der Mühle

Die Tomaten kreuzweise einschneiden und die Strünke entfernen. In kochendem Wasser ca. 20 Sekunden blanchieren und in Eiswasser abschrecken, anschließend die Haut abziehen. Die Tomaten vierteln, vom Kerngehäuse befreien und auf einem Küchentuch trocknen. Ein Backblech mit den Kräutern belegen. Die Tomatenfilets beidseitig würzen und auf dem Blech mit den Kräutern verteilen. Das Olivenöl gleichmäßig darüberträufeln. Im vorgeheizten Ofen bei 90 °C für 2 Stunden trocknen. Die Tomaten am besten in einem verschlossenen Plastikgefäß aufbewahren.

LAMMSAUCE

✶✲✲ **ergibt ca. 1 l**

2 kg Lammknochen, gehackt
80 ml Öl
80 g Stangensellerie, in kleine Würfel geschnitten
80 g Karotten, in kleine Würfel geschnitten
80 g Zwiebeln, in kleine Würfel geschnitten (mit Schale)
80 g Lauch, in kleine Würfel geschnitten
6 Knoblauchzehen, halbiert (mit Schale)
2 EL Tomatenmark
0,5 l Rotwein
3 l Wasser
2 Lorbeerblätter
2 Thymianzweige
2 Rosmarinzweige
8 schwarze Pfefferkörner

Das Öl in einem Topf erhitzen und die Lammknochen darin braun rösten. Das klein gewürfelte Röstgemüse dazugeben und ca. 10 Minuten mitbraten. Das Tomatenmark hinzufügen und nur kurz miträsten. Mit dem Rotwein ablöschen und gut einkochen lassen. Mit dem Wasser aufgießen und die Gewürze und Kräuter dazugeben. Bei schwacher Hitze 3 Stunden köcheln lassen und den dabei austeigenden Schaum und das Fett entfernen. Die fertige Sauce durch ein feines Sieb passieren.

1720
Sternbräu
2014

LIEFERANTEN

Wir legen großen Wert auf beste heimische Qualität und beziehen unsere Waren zum überwiegenden Teil innerhalb eines Umkreises von ca. 100 Kilometern von der Stadt Salzburg. Hier eine Auswahl unserer regionalen Produzenten und Lieferanten:

Früchte Maier [1]
Piding
Obst und Gemüse

Renner Fleisch und Wurst [2]
Salzburg-Maxglan
Fleisch und Wurstwaren

Tauernlamm-Verwertungsgenossenschaft [3]
Taxenbach
Fleisch und Wurstwaren

Hofkäserei Mattigtaler [4]
Seekirchen am Wallersee
Bio-Käsespezialitäten

Andreas Roider – Bauern und Gemüsehof [5]
Wals-Siezenheim
Gemüse

Hand- und Feinbäckerei Alois Essl [6]
Salzburg
Brot und Gebäck

[4]

[2]

[5]

[3]

[1]

INDEX

GLOSSAR

Aberseer Schafskäse: ein milder, leicht gesalzener, weicher bis schnittfester Frischkäse in Hütchenform, ähnlich der Mozzarella

Ablöschen: in angedünstetes oder angeröstetes Kochgut Flüssigkeit gießen

Anschwitzen: kurzes, offenes Garen von beispielsweise Gemüse bei niedrigen Temperaturen mit wenig Fett und etwas Salz

Aufgießen: nach dem Ablöschen mit Flüssigkeit auffüllen

Auslösen (auch Entbeinen oder Ausbeinen): Fleischteile im Ganzen oder in Stücken mit einem scharfen Messer vorsichtig vom Knochen trennen. Das wird auf Anfrage auch in der Metzgerei gemacht.

Beuschel: die oberen Eingeweide eines geschlachteten Tieres (Herz, Lunge, Milz und/oder Leber); das daraus zubereitete Ragout

Bierkäse: ein magerer, herzhafter, leicht herber bis pikanter Schnittkäse aus dem Salzburger Land, der traditionell in mit Bier getränkten Tüchern gelagert wurde

Bierradi: Rettich

Blanchieren: Gemüse kurz in heißes Wasser legen

Braunschweiger: Brühwurst, ähnlich der Jagdwurst aus Schweine- und Rindfleisch, Speck und Nitritpökelsalz

Brösel, Semmelbrösel: Paniermehl aus trockenen Semmeln bzw. Weißbrot

Confieren: langsames Garen von Fleisch, aber auch von Fisch oder Gemüse, in Fett

Dotter, Eidotter: Eigelb

Eierschwammerl: Pfifferlinge

Eiklar: Eiweiß, Klar

Einbrenn, hell oder dunkel (franz. roux, blanc/blond oder brun): eine Mischung aus Mehl und heißem Fett, die zum Binden von Suppen und Saucen verwendet wird; je nach Bräunungsgrad genutzt für helle oder dunkle Saucen

Erdäpfel: Kartoffel

Flambieren: Speisen mit einer hochprozentigen Spirituose übergießen und anzünden. Durch das Feuer verdunstet der Alkohol. Das hinterlässt ein besonderes Aroma.

Fleckerl: eine österreichische Nudelart, kleine quadratische oder rautenförmige Eierteigwaren

Gelbe Rübe: Mohrrübe

Geschwärzte Zwiebel: Für die schwarz gebrannten Zwiebeln Gemüsezwiebeln halbieren und mit der Schnittfläche nach unten in einer Pfanne ohne Fett stark anrösten, bis sie schwarz werden. Sie geben klaren Suppen eine schöne Bernsteinfarbe und zusätzlichen Geschmack.

Jus: konzentrierter, entfetteter Fleischfond oder Bratensaft

Karfiol: Blumenkohl

Karotte: Mohrrübe

Kernöl: Kürbiskernöl, aus gerösteten Kürbiskernen gepresstes Speiseöl von leuchtend grüner Farbe

Klarapfel: eine alte Tafelobstsorte, die bereits im Juli genussreif ist; Klaräpfel haben eine gleichmäßige grünlich-weiße Farbe und schmecken mildsäuerlich und saftig. Sie sind sehr druckempfindlich und werden nach der Ernte schnell mehlig und trocken. Der Sommerapfel eignet sich besonders für Apfelmus und Apfelstrudel.

Knödelbrot: klein gewürfeltes, altbackenes oder trockenes Weißbrot für die Herstellung von Semmelknödeln

Köcheln: leicht auf kleiner Flamme kochen

Marille: Aprikose

Melanzani: Aubergine, Eierfrucht

Montieren: eine Sauce durch das Einrühren von kalten Butterstückchen sämiger (dickflüssiger) machen

Most: durch Keltern (Pressen) gewonnener Fruchtsaft, der auch bereits leicht vergoren sein kann

Nappieren: Speisen mit einer Sauce oder einem Gelee überziehen, bestreichen oder gleichmäßig übergießen

Nockerl: Verschiedene Teige zu ovalen Stücken geformt (z. B. mit zwei Teelöffeln) und in Salzwasser gekocht

Obers, Schlagobers: Süße Sahne, Schlagsahne

Oberskren: geriebener Meerrettich, mit geschlagener Sahne vermischt

Panieren: in Mehl, Ei und Semmelbrösel wenden

Paprika schälen: Paprika waschen, entkernen und im Rohr so lange garen, bis die Haut stark gebräunt ist. Dann die Haut abziehen und die Paprika weiterverarbeiten.

Paprizieren: Paprikapulver in heißes Fett einstreuen, kurz anbraten und mit einer Flüssigkeit ablöschen. So erhalten Fonds und Saucen eine kräftige Farbe und zusätzlichen Geschmack.

Paradeiser: Tomaten

Passieren: durch ein Sieb streichen bzw. mit der Küchenmaschine oder einem Stabmixer cremig-fein hacken

Pochieren: sanftes Garen beispielsweise von Eiern oder Fisch in einer heißen, aber nicht kochenden wässrigen Flüssigkeit

Pofesen: altbackenes Weißbrot (meist gefüllt), in Ei und Milch getränkt, in Fett herausgebacken

Prise: kleine Menge an Gewürzen, die man zwischen zwei Fingerspitzen fassen kann

Rahm: süße Sahne

Röster: Mus aus Zwetschgen oder Holunderbeeren

Saubohnen: Ackerbohne, Puffbohne, Feldbohne, Pferdebohne, Fababohne oder Dicke Bohne

Sauerrahm: saure Sahne

Schalotte: kleine, wohlschmeckende Zwiebelart

Schmarrn: süßer, sehr dicker Pfannkuchen in der österreichischen Küche, der in Stücke gerissen wird

Schnee: Eischnee, geschlagenes Eiweiß

Semmel: Weißbrötchen

Spätzlehobel: Gerät zur Herstellung tropfenförmiger Spätzle. Eine Alternative dazu ist das Schaben der Spätzle mit Messer und Brett auf die schwäbische Art.

Steckerlfisch: an einem Stab im Ganzen gegrillter Süßwasserfisch; Spezialität aus dem österreichischen und bayerischen Alpenvorland

Stelze, Haxe: Hachse vom Schwein

Sterz: sehr fest gekochter Brei aus einem Getreidemehl, Wasser und Schmalz, der nach dem Kochen zerbröckelt wird

Tomaten häuten: Tomaten auf der Unterseite kreuzweise einritzen, für ca. 30 Sekunden in kochendes Wasser tauchen und anschließend in kaltes Wasser legen. Dabei löst sich die Haut vom Fruchtfleisch, die über die Einschnitte dann besonders leicht mit einem Messer abgezogen werden kann.

Tomatisieren: nach dem Anschwitzen etwas Tomatenmark einrühren und kurz mitrösten. Dann wie gewohnt ablöschen. So erhalten Fonds und Saucen eine kräftige Farbe und zusätzlichen Geschmack.

Topfen: Quark

Untergreifen: ein Fleischstück zwischen den Bindegewebsfasern so einschneiden, dass eine Tasche zum Füllen entsteht

Unterheben: eine luftige oder empfindliche Masse wie etwa Eischnee oder Beeren möglichst vorsichtig, also ohne schnelles und starkes Rühren, in einen Teig einarbeiten

Vinaigrette: feinsäuerliche Sauce aus Essig, Öl und, je nach Rezept, weiteren Zutaten, z. B. Kräutern

Vogerlsalat: Feldsalat

Wurzelgemüse, -fond: Sammelbegriff für Petersilien(wurzel), Sellerie(knolle), Lauch, Karotten. Fleisch, das in diesem Wurzelfond gekocht wird, nennt man Wurzelfleisch.

Zesten: feinabgeriebene Schale von Zitronen oder Orangen

Zucchetti: Zucchini

Zur Rose abziehen (auch abbinden, binden, abschlagen, simmern): eine Creme oder Sauce mit Eiern bzw. Eidottern vermischen und über einem Wasserbad und unter ständigem Rühren so lange erhitzen, bis die Masse merklich dicker wird, damit man die gewünschte dicklich-cremige Konsistenz erreicht. Sie darf dabei aber nicht kochen.

Zwetschge, Zwetschke: Pflaume

ABKÜRZUNGSVERZEICHNIS

bzw.	beziehungsweise	kg	Kilogramm
ca.	circa	l	Liter
cl	Zentiliter	ml	Milliliter
cm	Zentimeter	Msp.	Messerspitze
EL	Esslöffel	pag.	Pagina (Seite)
fol.	folio (Blatt)	S.	Seite
g	Gramm	TL	Teelöffel

Schwierigkeitsgrade der Rezepte

schwer ★★★
mittel ★★☆
leicht ★☆☆

LITERATURVERZEICHNIS

Gerhard Ammerer / Harald Waitzbauer, Wirtshäuser. Eine Kulturgeschichte der Salzburger Gaststätten, Salzburg 2014

Gerhard Ammerer / Harald Waitzbauer, Das Sternbräu. Die Geschichte eines Salzburger Brau- und Gasthauses, Salzburg 2015

Ulrike Kammerhofer-Aggermann / Alexander G. Keul, The Sound of Music zwischen Mythos und Marketing (Salzburger Beiträge zur Volkskunde), Salzburg 2000

Ulf Lippitz, Salzburg und „The Sound of Music". Der Berg groovt, in: Der Tagesspiegel (Onlineversion), 10.01.2016, https://www.tagesspiegel.de/politik/salzburg-und-the-sound-of-music-der-berg-groovt/12810766.html (Zugriff: Februar 2023)

BILDNACHWEIS

S. 6: Helge Kirchberger
S. 14: Rechnungsbuch des Bruderhauses St. Sebastian für das Jahr 1542. Quelle: Stadtarchiv Salzburg, Stiftungsarchiv, Buchförmige Archivalien 756, fol. 113r+v
S. 15: Quelle: Archiv der Erzabtei St. Peter, Urk. Nr. 5202 – 1810
S. 16: Quelle: Salzburg Museum, Porträt des Bierbrauers Johann Mathias Wilhelmseder, 1749, InvNr. 1020-91
S. 17: Stadtratsprotokoll mit der Eintragung vom 2. September 1772. Quelle: Stadtarchiv Salzburg, Städtisches Archiv, Buchförmige Archivalien 154, S. 289
S. 18: Quelle: Sternbräu Archiv, IBT Erika Mayer
S. 19: Salzburger Nachrichten, 1. 10. 1949, S. 12. Quelle: ANNO/Österreichische Nationalbibliothek
S. 20: Sternbräu (oben), Andreas Kolarik (unten)
S. 62: Stadt- und Polizeiordnung aus dem Jahr 1524 unter Erzbischof Matthäus Lang von Wellenburg. Universitätsbibliothek Salzburg, Handschrift M II 147, pag. 89r
S. 63: Quelle: Gerhard Ammerer
S. 64: Quelle: Ammerer & Waitzbauer, Das Sternbräu. Die Geschichte eines Salzburger Brau- und Gasthauses, Salzburg 2015, S. 77
S. 65: Mitteilung in der Salzburger Chronik vom 1. April 1917, S. 5. Quelle: ANNO/Österreichische Nationalbibliothek
S. 66: Quelle: Stieglbrauerei zu Salzburg
S. 66: Quelle: Salzburg Museum
S. 66: Quelle: Salzburg Museum, Plakat: Salvator-Bier Ausschank, 19./20. Jhdt, A. Brenner, InvNr. BIB PLA 3753
S. 67: Quelle: Andreas Binder
S. 114-115: Sternbräu Archiv (2,3) Andreas Kolarik (5)
S. 157: Michaela Complojer
U4 Hintergrund: ©shutterstock.com/kaspri

Alle anderen Fotos: Günter Freund/Wildbild

MICHAEL PRATTER

Nach seiner Ausbildung in der Hotelfachschule Bad Gleichenberg führten ihn seine Wanderjahre u. a. zu Alfons Schuhbeck, ins Restaurant Döllerer sowie nach Gstaad, Brüssel, Zürs, Tirol und Kärnten. In Salzburg führte er erfolgreich die Küchen im Restaurant Purzelbaum, im Schloss Hellbrunn und im Hotel Zinnkrügl, wo er sich jeweils zwei Hauben erkochte. Als „Schrannenkoch" brachte er über viele Jahre den beliebten Salzburger Wochenmarkt und seine Spezialitäten in die Morgensendung von Radio Salzburg. Seit 2014 ist er Küchenchef im Sternbräu.

MMAG. BARBARA DENICOLÒ

Die gebürtige Südtirolerin studierte an der Universität Innsbruck Geschichte sowie Germanistik und Latein. Schon früh entdeckte sie ihre Leidenschaft fürs Kochen und die Geschmäcker der Welt. Im Rahmen ihrer Promotion beschäftigt sie sich zur Zeit mit kulinarischen Rezepten des Mittelalters und der Frühen Neuzeit und publiziert zu verschiedenen ernährungsgeschichtlichen Themen. Als angehende Gastrosophin wagt sie sich auch in die zeitgenössische Kulinarik vor und erkundet die Wirtshausküche Salzburgs, wo sie gerade lebt und arbeitet.

Impressum

Bibliografische Information der Deutschen Nationalbibliothek
Die Deutsche Nationalbibliothek verzeichnet diese Publikation in der Deutschen Nationalbibliografie; detaillierte bibliografische Daten sind im Internet über http://dnb.d-nb.de abrufbar.

Grafik, Satz und Produktion: Tanja Kühnel
Lektorat: Markus Weiglein
Texte und Gesamtredaktion: Barbara Denicolò

Druck: FINIDR s.r.o.
Gedruckt in der EU

ISBN 978-3-7025-1078-7

www.pustet.at

Wir vom Verlag Anton Pustet bemühen uns bei jedem unserer Bücher um eine ressourcenschonende Produktion. Alle unsere Titel werden in Österreich und seinen Nachbarländern gedruckt. Um umweltschädliche Verpackungen zu vermeiden, sind unsere Bücher nicht mehr einzeln in Folie eingeschweißt. Es ist uns ein Anliegen, einen nachhaltigen Beitrag zum Klima- und Umweltschutz zu leisten.